CLÍNICA MAYO

P9-ARV-375

Plan para un
Corazón
Saludable
¡de por vida!

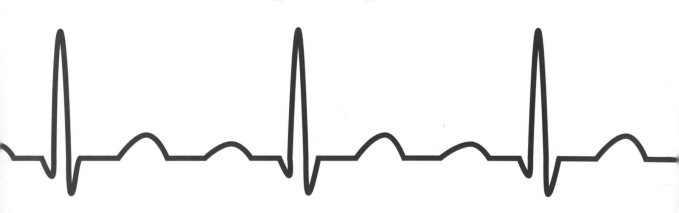

CLÍNICA MAYO

Editora Médica Martha Grogan, M.D.
Gerente de edición Kevin Kaufman
Director en jefe, Libros Christopher Frye
Director de Información de la salud Jay Maxwell
Director creativo Wes Weleczki
Editores Jennifer Jacobson, Luke Shockman, Karen Wallevand
Director de arte y Jefe de producción Rick Resnick
Ilustrador médico David Cheney
Editores de Investigación literaria Anthony Cook, Amanda Golden, Deirdre Herman, Erika Riggin
Correctores de estilo Miranda Attlesey, Donna Hanson, Julie Maas
Indexador Steve Rath
Asistente administrativa Beverly Steele
Plan para un corazón saludable ¡de por vida!
pretende complementar las recomendaciones del médico de cabecera, a quien es necesario consultar en relación con los padecimientos médicos específicos. MAYO, MAYO CLINIC y el logotipo Mayo con tres escudos son marcas de la Mayo Foundation for Medical Education and Research.

Revisores y escritores Michael J. Ackerman, M.D., Ph.D., Naser Ammash, M.D., Brent A. Bauer, M.D., Thomas Behrenbeck, M.D., Ph.D., Sherri S. Berning, R.N., Horng Chen, M.D., Heidi M. Connolly, M.D., William D. Edwards, M.D., Lee Engfer, Regis I. Fernandes, M.D., Robert L. Frye, M.D., Sharonne N. Hayes, M.D., Donald D. Hensrud, M.D., Richard D. Hurt, M.D., Allan S. Jaffe, M.D., Birgit Kantor, M.D., Barry L. Karon, M.D., Kyle W. Klarich, M.D., Stephen L. Kopecky, M.D., Iftikhar Kullo, M.D., Amir Lerman, M.D., Ph.D., Jane A. Linderbaum, R.N., C.N.P., Margaret Lloyd, M.D., Francisco Lopez-Jimenez, M.D., Joseph J. Maleszewski, M.D., Martha A. Mangan, R.N., C.N.P., Sunil Mankad, M.D., Peggy Menzel, R.D., L.D., Bryan McIver, M.B., Ch.B., Ph.D., Robert B. McCully, M.D., Wayne L. Miller, M.D., Ph.D., Issam D. Moussa, M.D., Sharon L. Mulvagh, M.D., Jennifer K. Nelson, R.D., L.D., Vuyisile T. Nkomo, M.D., Jae K. Oh, M.D., Emily Paulsen, Sabrina D. Phillips, M.D., Richard Rodeheffer, M.D., Win-Kuang Shen, M.D., Suzanne Sobotka, Virend Somers, M.D., Ph.D., Amit Sood, M.D., Ray W. Squires, Ph.D., Randal J. Thomas, M.D., Cindy R. Truex, R.N., Kristin Vickers Douglas, Ph.D., Carole A. Warnes, M.D., Roger D. White, M.D.

TIME HOME ENTERTAINMENT

Editor Richard Fraiman
Vice Presidente, Desarrollo de negocios y estrategias Steven Sandonato
Director ejecutivo, Servicios de Marketing Carol Pittard
Director ejecutivo, Menudeo y ventas especiales Tom Mifsud
Director ejecutivo, Desarrollo de productos nuevos Peter Harper
Director Editorial Stephen Koepp
Directora de Marketing y desarrollo de Bookazine Laura Adam
Director de la publicación Joy Butts
Director Financiero Glenn Buonocore

Subdirector jurídico Helen Wan
Director de diseño y preprensa Anne-Michelle Gallero
Director de producción asociado Susan Chodakiewicz
Gerente de marca Nina Fleishman
Agradecimientos especiales a Christine Austin, Jeremy Biloon, Jim Childs, Rose Cirrincione, Jacqueline Fitzgerald, Carrie Hertan, Christine Font, Jenna Goldberg, Lauren Hall, Hillary Hirsch, Mona Li, Amy Mangus, Robert Marasco, Kimberly Marshall, Amy Migliaccio, Nina Mistry, Dave Rozzelle, Adriana Tierno, Alex Voznesenskiy, Vanessa Wu

Edición orignal publicada por Time Home Entertainment Inc.
135 W. 50th St.
New York, NY 10020

ISBN-10: 1-60320-204-8
ISBN-13: 978-1-60320-204-6
Número de control de la Biblioteca del Congreso: 2011940898

Primera edición
1 2 3 4 5 6 7 8 9 10

Todos los derechos reservados. Ninguna parte de este libro puede reproducirse o utilizarse en cualquier forma o por cualquier medio, ya sea electrónico o mecánico, incluidos fotocopiado y grabación, o mediante algún sistema de almacenamiento y consulta de información sin el permiso escrito del editor, con excepción de algún crítico que pudiera citar pasajes breves en sus revisiones.

Reproducir esta obra en cualquier formato es ilegal. Infórmate en: info@cempro.org.mx

La traducción al español de esta edición ha sido realizada por Intersistemas, S.A. de C.V. bajo autorización de Mayo Foundation for Medical Education and Research

Copyright© 2014

Intersistemas, S.A. de C.V.
Aguiar y Seijas 75
Lomas de Chapultepec
11000, México, D.F.
Tel. (5255) 5520 2073
Fax (5255) 5540 3764
intersistemas@intersistemas.com.mx
www.intersistemas.com.mx

ISBN: 978-607-443-402-6 Edición en español

Traducción: Dra. Gabriela Enriquez Cotera
Coordinación editorial: Lic. Cristina Segura Flores
Cuidado de la edición: Alejandro Bravo Valdez, Brenda González B.
Formación: LDCV Beatriz del Olmo Mendoza

Prólogo

Es posible que utilices expresiones como "mi corazón está roto" o dar a alguien un "agradecimiento de corazón" pero, ¿estás consciente de lo que el corazón hace cada minuto de tu vida? Tu corazón impulsa 7 500 litros (2 000 galones) de sangre a través del organismo cada día. Dada la función compleja y vital de este órgano, no resulta sorprendente que las cosas puedan salir mal, y que en ocasiones esto ocurra.

La enfermedad cardiaca (o cardiopatía) nos afecta a todos, ya sea de manera directa o indirecta. Es la causa principal de muerte en Estados Unidos y una de las principales a nivel mundial. Es posible que te sientas bombardeado con información contradictoria en torno a la salud cardiaca: qué es bueno, qué es malo, y qué es lo que en realidad necesitas saber. Esa es la razón por la que escribimos este libro –para aportar un programa claro que te ayude a tener un corazón saludable de por vida–.

La buena noticia es que casi todas las cardiopatías son prevenibles. Y mantener saludable al corazón no requiere demasiado tiempo o esfuerzo. Los cambios pequeños, como levantarse y moverse más, pueden hacer una gran diferencia. Las posibilidades no tienen que ser negativas –de hecho, una de las claves más importantes del programa es aprender a disfrutar una vida completa y activa–.

El ambicioso título elegido por los autores es "el *Plan de la Clínica Mayo para un corazón saludable ¡de por vida!*". Los pasos que se delinean en este libro te ayudarán de manera drástica a reducir tu riesgo personal de cardiopatía, incluso si no es posible eliminarlo del todo. Sin embargo, los autores consideramos que si haces todo lo que está a tu alcance para prevenir la cardiopatía o vivir con ella de manera tan efectiva como te sea posible, ¡entonces es un hecho que la "has vencido"!

Martha Grogan, M.D.
Editora Médica

Charanjit S. Rihal, M.D.
Presidente, Enfermedades cardiovasculares

Contenido

Tu riesgo más grande

Si no te es posible obtener nada más de este libro, debes entender lo siguiente: la cardiopatía (o enfermedad cardiaca) es el problema que tiene mayor probabilidad de matar a alguien –y hay mucho que puede hacerse al respecto–.

Hacer algo bueno por tu salud cardiaca es el propósito entero de este libro –ayudarte a prevenir la cardiopatía o ayudarte a vivir la vida al máximo en caso de que ya la presentes. Con ese objetivo, el *Plan de la Clínica Mayo para un corazón saludable* está diseñado para guiarte a través de una serie de cambios simples y aún así disfrutables, para mejorar tu salud cardiaca.

La clave es que se *disfrute*. Tú no harás cambios si no los disfrutas. Y así desearás mantener estos cambios durante toda la vida. Así que este libro contiene muchos elementos placenteros.

Otra clave del programa que puede sorprender a los lectores es el impacto que el sueño tiene sobre la salud cardiaca. La combinación de un sueño de calidad con un consumo saludable de alimentos y el mantenimiento de la actividad física permite contar con los elementos principales de la fase de inicio rápido de este programa –Come 5, Muévete 10, Duerme 8–. Cumplir con estos tres elementos pone a la persona, sin duda, en dirección hacia una vida saludable y *placentera*.

Unas cuantas páginas más adelante, en el Capítulo 1, se describe la fase de inicio rápido, pero es importante dar primero algunos datos preliminares en torno a las razones por las que es necesario tomar con seriedad la salud cardiaca.

La cardiopatía no discrimina. Puede afectar a cualquier persona, de manera

La cardiopatía es el asesino # 1 en Estados Unidos y una de las principales a nivel mundial. Nadie es inmune. Aquí se muestran algunas estadísticas aleccionadoras:

+ 80 millones de estadounidenses presentan alguna variante de enfermedad cardiaca –eso equivale a casi uno de cada tres adultos–.

+ Cada año, 2 millones de estadounidenses desarrollan un ataque al corazón (infarto cardiaco) o un evento vascular cerebral (derrame cerebral).

+ Cada día, 2 200 estadounidenses mueren por enfermedad cardiaca –en promedio una muerte cada 39 segundos–.

+ La cardiopatía mata a más personas cada año que todos los tipos de cáncer combinados.

+ La cardiopatía mata a casi cinco veces más mujeres que lo que hace el cáncer mamario.

+ Alrededor de una tercera parte de los estadounidenses que muere cada año por cardiopatía tiene menos de 75 años. No es sólo una enfermedad de "ancianos".

+ Los costos por atención de la salud y la pérdida de productividad económica que derivan de la cardiopatía y el evento vascular cerebral tuvieron para los estadounidenses un monto estimado de 444 miles de millones de dólares en el año 2010.

independiente a su edad, el sexo, la raza, la clase social o la condición económica. Sin embargo, existen algunas diferencias entre las personas que desarrollan la enfermedad. La cardiopatía suele ser más común entre las personas caucásicas y afroamericanas que entre los individuos de otras razas. Los hombres y las mujeres afroamericanos tienen mayor posibilidad de morir por cardiopatía que los varones y las mujeres caucásicos.

La buena noticia es que casi todas las cardiopatías pueden prevenirse. Muchos de los factores de riesgo para la cardiopatía son elementos que pueden modificarse. Si se presenta alguna emergencia, la acción rápida puede salvar la vida. Si tú ya presentas una cardiopatía, existe mucho que puedes hacer para asegurar que vivas bien, no obstante tu condición. El mensaje: tú tienes mucho más control sobre tu salud cardiaca de lo que te puedes imaginar.

" Mi esposa me salvó la vida al reconocer los signos tempranos de un ataque al corazón y llevarme al servicio de urgencias"

Es posible que Jeff tuviera conciencia sobre su riesgo de desarrollar un ataque al corazón. Su padre padecía diabetes y cardiopatía, y murió por un infarto a los 62 años. Uno de sus tíos murió por un infarto a los 42 años. Jeff era fumador y tenía sobrepeso –dos de los factores de riesgo principales para la cardiopatía–. Aún así, su infarto lo tomó por sorpresa.

Jeff acababa de terminar de comer su almuerzo y no se sentía muy bien. "Me estaba poniendo inquieto –es la mejor palabra que tengo para describirlo"–, dice, al recordar ese día de diciembre de hace casi 30 años.

Su esposa, Millie, acababa de regresar a casa tras hacer algunos pendientes cuando observó que Jeff parecía agitado. Se acostaba, luego se levantaba y caminaba, luego se volvía a acostar. Abría y cerraba de manera constante su mano izquierda. "¿Qué es lo que te pasa?", le preguntó. Él le describió que tenía un dolor que bajaba por su brazo izquierdo y le dijo que pensaba que se trataba de una indigestión por un plato de sopa de pavo que se había comido.

Millie también encontró un frasco de pastillas para el dolor dental en el cuarto de lavado: "Tenía dolor en la mandíbula, pero no me lo decía". Millie trabajaba como enfermera, así que sabía lo que significaba el dolor en la mandíbula y en el brazo izquierdo. Le dijo a Jeff: "Te advertí que si no tenías cuidado te iría mal. Eso es lo que está ocurriendo ahora. ¡Necesitas ir al hospital!".

Los estudios demostraron que Jeff tenía un bloqueo en las arterias coronarias y requería una cirugía para puenteo triple (bypass). Incluso después del procedimiento, Jeff tuvo algunos periodos difíciles cuando él y sus médicos pensaron que quizá no sobreviviría. Por fortuna, ha tomado el control de su condición. Es activo y consume una dieta más saludable. "Pienso en el infarto y en todo por lo que he pasado como algo positivo", dice Jeff. "Me siento mucho mejor. Es probable que nunca habría dejado de fumar. Si no hubiera tenido ese infarto no estoy seguro de haber vivido todo este tiempo. Tengo un pronóstico para una vida buena y larga".

Signos de alarma de la enfermedad cardiaca

Todas las personas han oído historias sobre alguien como Jeff, que pensó que tenía indigestión cuando en realidad se trataba de un infarto al corazón (o de miocardio, para más información ver página 130). Confundir un infarto de miocardio con algo más es un fenómeno frecuente. En algunos casos, los infartos de miocardio y otros problemas del corazón se desarrollan de pronto, sin síntomas previos. Pero si se experimenta cualquiera de los síntomas que se describen abajo, es necesario que se valoren.

- Dolor o malestar en el pecho que aparece a la par de la actividad física o el estrés emocional, y que cede durante el reposo
- Cansancio inusual
- Falta de aire durante las actividades físicas ordinarias

Debe solicitarse ayuda de urgencia en caso de desarrollar:

- Dolor o malestar inesperado en el pecho, que no se resuelve tras algunos minutos o se presenta durante el reposo
- Malestar en otras partes de la región superior del cuerpo, como los brazos, los hombros, la espalda, el cuello, la mandíbula o el estómago
- Falta de aire que no cede
- Debilidad intensa, sensación de inestabilidad, sudoración fría o desmayo

Día Mundial del Corazón

El 29 de septiembre fue declarado el Día Mundial del Corazón por la Federación Mundial del Corazón con el fin de informar a las personas de todo el mundo que las enfermedades cardiovasculares son la primera causa de muerte a nivel mundial.

La Sociedad Mexicana de Cardiología, consciente de la importancia de preservar la salud cardiovascular en la población de México, participa en esta celebración alentando a las personas a encaminarse hacia la salud del corazón propiciando un estilo de vida *cardiosaludable*, en donde se promueva la alimentación sana, la actividad física y un ambiente libre de humo de tabaco, acciones que han mostrado ser una forma costo-efectiva de salvar vidas y mejorar la productividad laboral.

- Indigestión intensa o sensación de acidez cuya duración supera algunos minutos, malestar estomacal, vómito o molestias abdominales

Los síntomas pueden ser sutiles, en particular en mujeres. Si no estás seguro de lo que ocurre –pero te sientes distinto o en problemas– es necesario que te revisen. ¡Esto no debe posponerse! El retraso puede resultar mortal.

Mitos comunes en torno a la enfermedad cardiaca

Estas concepciones erróneas pueden impedir que la persona haga en el momento cambios en su vida que pueden prevenir los problemas cardiacos más adelante.

1 **"No hay nada que pueda hacer al respecto".** Es posible que tu padre haya muerto por un infarto de miocardio a los 50 años, o que sepas que tienes varios parientes con problemas cardiacos. ¿Significa esto que estás destinado a padecer una cardiopatía? No. Incluso si cuentas con antecedentes familiares serios de cardiopatía, existen formas efectivas para prevenirla. Este libro muestra muchos de los pasos que pueden ayudar a reducir ese riesgo.

2 **"No debo preocuparme. No hay casos de cardiopatía en mi familia".** Lo opuesto a creer que se está destinado a presentar una cardiopatía es asumir que tienes protección debido a que "no está en mis genes". La mayor parte de los riesgos deriva de las elecciones que haces en la vida, como lo que consumes y el grado de actividad que tienes.

3 **"Sólo las personas ancianas se enferman del corazón".** Es cierto que tu probabilidad de presentar cardiopatía se incrementa al tiempo que envejeces. Sin embargo, muchas variantes de cardiopatía de hecho tienen su origen en los hábitos de vida que se forman durante la niñez –incluso en niños es posible que comiencen a formarse placas en las arterias–. Desafortunadamente, muchos adultos jóvenes no se preocupan por la cardiopatía y no les importa que lo que hacen en el momento pueda afectar su vida más adelante. El mejor programa para la prevención comienza en una fase temprana de la vida.

4 **"Sabré cuando tenga un problema cardiaco porque tendré síntomas".** En ocasiones, un infarto de miocardio es el primer signo de que existe algún problema. La mitad de los varones y 64% de las mujeres que desarrollan un infarto al corazón no muestran síntomas de cardiopatía antes del infarto. Las personas con problemas en las válvulas cardiacas también pueden no experimentar síntomas.

5 **"La cardiopatía es un problema que afecta más a los hombres que a las mujeres".** Si bien este mito se ha desacreditado en muchas ocasiones, muchas mujeres aún temen mucho más al cáncer mamario que a la cardiopatía. Pero, de hecho la cardiopatía es la principal causa de muerte y discapacidad en la mujer, justo como ocurre en el varón. Al mismo tiempo, las mujeres tienen menor probabilidad de hacer cambios del estilo de vida que les ayuden a prevenir la cardiopatía y, por lo general, se rehúsan a solicitar atención por los síntomas relacionados con el corazón. Los médicos contribuyen al problema al no diagnosticar los problemas cardiacos con la misma agilidad en las mujeres que en los varones.

6 **"Cambiaré mi estilo de vida si tengo problemas".** Si tienes un infarto de miocardio puede ser ya demasiado tarde para hacer cualquier cambio significativo –15% de las personas no sobrevive a un infarto cardiaco, y otro 20% muere en el año que sigue al infarto–. Otra cuestión que debes considerar es la calidad de vida. Tener un infarto cardiaco, vivir con síntomas cardiacos como dolor en el pecho y palpitaciones, recibir tratamiento farmacológico para una cardiopatía, o someterse a la colocación de stents o a cirugía de puenteo coronario no te da seguridad en torno al futuro.

7 **"Pero ya llevo un estilo de vida saludable".** Es posible que en realidad lleves un estilo de vida saludable para tu corazón. Por desgracia, una gran cantidad de personas piensa que se encuentra más saludable de lo que en realidad está. En un censo reciente, 9 de cada 10 adultos en edad universitaria creían que llevaban un estilo de vida saludable –cuando en realidad no lo hacían–. Existe una falta de conexión frecuente entre lo que la gente sabe, dice o piensa en torno a las conductas saludables y lo que en realidad hace. Tan sólo 3% de las personas practica con regularidad las cuatro conductas primarias que se recomiendan para tener salud cardiaca: no fumar, mantener un peso saludable, consumir una dieta rica en vegetales y frutas, y ejercitarse con regularidad.

Cómo utilizar este libro
Este libro puede constituir una guía para lograr una salud cardiaca en 10 pasos.

¡PONTE EN MARCHA!

PARTE 1 El *Plan de la Clínica Mayo para un corazón saludable* tiene un inicio rápido con Come 5, Muévete 10, Duerme 8 –una frase en la que se nombran tres tareas simples sobre las cuales se puede actuar de inmediato–. Casi cualquier persona puede hacerlo y, mientras más rápido comiences, mejor. El inicio rápido te prepara para el *Plan de la Clínica Mayo para un corazón saludable* que se presenta más adelante en el libro. La motivación es la clave –el compromiso completo con el programa puede ser el elemento de predicción más importante para tu éxito–.

10 PASOS PARA TENER UN CORAZÓN SALUDABLE

PARTE 2 El *Plan de la Clínica Mayo para un corazón saludable* identifica 10 factores que tú puedes aprovechar para mejorar tu salud cardiaca y reducir el riesgo de cardiopatía. Algunos factores hacen necesarios cambios del estilo de vida. Otros factores implican una relación apropiada de trabajo con tu médico. Algunos otros factores requieren que tengas una conciencia mayor en torno a la forma en que funciona tu corazón. Si eso parece demasiado, ¡no tienes que preocuparte! No hay nada aquí incluido que no sea posible manejar. Debes trabajar a tu propio paso –este libro guía y respalda a quien lo utiliza en cada paso del camino–.

"Usted pensaría que yo reconocería los síntomas de un ataque cardiaco"

En lo que comenzó como un día ordinario, DeAnn, una secretaria médica de la División de las Enfermedades Cardiovasculares de la Clínica Mayo, comenzó a experimentar náusea, vómito, sudoración y malestar en el brazo –mas no dolor en el pecho–. El malestar en el brazo se intensificó a tal grado que en algún momento ella pensó: "¡Siento como si me estuviera muriendo!". DeAnn tenía poco más de 40 años, parecía saludable, activa, y carecía de antecedentes de problemas cardiovasculares –ella no podía creer que los síntomas podrían tener conexión con su corazón–. DeAnn descartó esto al pensar que se trataba de una intoxicación alimentaria e hizo caso omiso de las recomendaciones de sus colaboradores de acudir al servicio de urgencias. De manera eventual, aceptó ir. Los estudios mostraron que estaba teniendo un infarto cardiaco secundario debido a una causa inusual –una afección conocida como disección arterial coronaria espontánea–. Después de la colocación de stents para corregir su problema, DeAnn tomó medidas para retomar su vida activa.

Como lo ilustran las historias de estos dos pacientes, no reconocer los signos de alerta de un infarto cardiaco es un fenómeno demasiado común. Mientras que Jeff no parecía tomar en serio su riesgo de infarto de miocardio, DeAnn carecía de factores de riesgo conocidos para una cardiopatía. Lograr que ellos solicitaran atención por sus síntomas requirió que otra persona los convenciera.

Sus historias ilustran la importancia de que conozcas los signos y los síntomas de un infarto de miocardio, de manera independiente al riesgo que percibas.

Factores de riesgo para la enfermedad cardiaca

Tu salud cardiaca comienza al entender tus riesgos personales –dar una mirada honesta a los distintos factores que pueden incrementar tu posibilidad de desarrollar cardiopatía. Un factor de riesgo podría corresponder a una condición médica, un comportamiento, un gen específico o algo en el ambiente –cualquiera de los cuales, ya sea solo o combinado, podría afectar tu salud cardiaca–. Con mucha frecuencia, si ya presentas una enfermedad cardiaca, estos factores de riesgo incrementan la posibilidad de que tu condición se agrave.

De todos los factores de riesgo para la cardiopatía, la mayor parte corresponde a elementos sobre los cuales tú puedes actuar. Aliviar estos factores es lo que el *Plan de la Clínica Mayo para un corazón saludable* te ayuda a hacer –dar pasos específicos para modificar tu perfil de riesgo personal y prevenir los problemas cardiacos a futuro–.

Utilizar este libro también puede generarte conciencia en relación con encontrarte en riesgo de (o presentar) algunas condiciones cardiacas que no puedes prevenir. La oración final es la siguiente: mientras más sepas en torno a la cardiopatía, más puedes hacer al respecto.

Aquí se mencionan algunos de los factores comunes para la cardiopatía:

- ✔ Hipercolesterolemia (colesterol elevado en sangre)
- ✔ Hipertensión arterial
- ✔ Diabetes
- ✔ Obesidad
- ✔ Tabaquismo
- ✔ Falta de actividad física
- ✔ Edad
- ✔ Antecedente personal o familiar de enfermedad cardiaca

En los capítulos posteriores de este libro se presentan más detalles sobre estos factores de riesgo –y la forma en que es posible aprender cuáles afectan a cada persona–.

Por qué es importante

¿Para qué someterse a un estudio en relación con tus factores de riesgo para la enfermedad cardiaca? Porque tener control sobre los factores de riesgo es un elemento que cambia el juego. Durante los últimos 30 años las muertes por cardiopatía se redujeron 50% –debido a que un número mayor de personas fue capaz de identificar y tratar sus factores de riesgo–. Al tiempo que se considera con más seriedad la cardiopatía como una amenaza verdadera, más motivado estarás para hacer algo para prevenir o disminuir el impacto que puede tener sobre tu vida.

El *Plan de la Clínica Mayo para un corazón saludable* te ayuda a comenzar a hacer cambios que mejorarán tu salud cardiaca. Es posible que comiences con algo pequeño. Incluso los cambios modestos de tu estilo de vida pueden reducir tus riesgos de forma sustancial.

Nunca es demasiado tarde o demasiado temprano para comenzar. Al iniciar das un impulso a tu salud en general y tu longevidad. Y, creas o no, una vez que tú controlas tus factores de riesgo de la cardiopatía, reduces los factores de riesgo para muchas otras afecciones, como la demencia, el cáncer, la diabetes, la enfermedad renal, la disfunción eréctil y la ceguera.

¿Estás listo para comenzar a andar un camino hacia una vida más saludable y larga? es sencillo, sólo da vuelta a esta página.

PARTE 1

PONTE EN MARCHA

Empieza ahora el *Plan de la Clínica Mayo para un corazón saludable* con un fácil calentamiento de dos semanas para iniciar el programa completo.

Come 5

Mejora la salud de tu corazón comiendo por lo menos cinco raciones de frutas y verduras todos los días.

Muévete 10

Aumenta la actividad y ejercicio por lo menos 10 minutos más de lo que haces todos los días.

Duerme 8

Amarás esta parte. Intenta dormir 8 horas cada noche. ¡Hacerlo por dos semanas logrará engancharte!

Muchos profesionales de la salud pueden estar implicados en el tratamiento de enfermedades del corazón y apoyar los planes de la salud del corazón. Este libro te refiere a menudo con un médico para recibir atención, pero también desea reconocer la importancia del apoyo de las enfermeras, enfermeras certificadas, asistentes médicos, dietistas, fisioterapeutas y otros que juegan un papel vital en el mantenimiento de la salud.

CAPÍTULO 1

PREPÁRATE PARA COMENZAR

Es muy fácil considerar al corazón como algo inherente. Coloca la mano sobre tu pecho y siente su latido –como un compañero constante e inmutable. Es probable que conozcas a alguna persona que tuvo un infarto de miocardio o que presenta hipertensión arterial o alguna otra condición cardiovascular, y es en ese momento que surge la preocupación sobre el corazón propio. Estás listo para dar los pasos que se requieren para prevenir que te ocurra lo mismo.

La introducción de este libro indica las razones por las cuales toda persona debe estar alerta en torno a la salud de su corazón. Se espera que el lector esté listo para actuar en ese sentido —y eso es de lo que trata el *Plan de la Clínica Mayo para un corazón saludable.*

Existen muchas medidas ordinarias, pero muy efectivas, que es posible tomar para prevenir la cardiopatía (enfermedad cardiaca). Con frecuencia forman parte de las actividades rutinarias que se realizan a diario. Constituyen la base de una estrategia de ***inicio rápido***: acciones simples para lograr un impacto inmediato positivo sobre el corazón y aportar beneficios a largo plazo a la salud.

Sin embargo, previo al ***inicio rápido***, es necesario determinar si estás listo. Estar *listo* representa varias cosas que se listan a continuación:

- ✔ ¿Resulta seguro —desde la perspectiva física— iniciar este plan?
- ✔ ¿Tienes la motivación para hacer cambios en tu vida que te permitan tener éxito con este plan?
- ✔ ¿Es justo ahora el momento adecuado para comenzar este plan?

Este capítulo te ayudará a examinar con detalle estas tres preguntas. No debes avanzar más hasta que las hayas considerado.

¿Es necesario consultar a un médico?

El inicio rápido del *Plan de la Clínica Mayo para un corazón saludable* resulta apropiado para la mayor parte de la gente, pero algunas personas deben consultar a su médico antes de comenzarlo. Por ejemplo, si presentas sobrepeso importante y has estado inactivo durante varios años, con ayuda de tu médico puedes elegir actividades que resulten seguras y beneficiosas.

Si cualquiera de las siguientes afirmaciones es válida en tu caso, debes consultar a tu médico antes de proceder con el *inicio rápido*:

- ✔ Padeces alguna afección cardiaca y el médico recomendó restringir la actividad física.
- ✔ Desarrollas falta de aire (disnea) o si experimentas malestar en el pecho durante el reposo o con la ejercitación.
- ✔ Padeces cuadros frecuentes de mareo o han ocurrido episodios inexplicables de desmayo.
- ✔ Tienes problemas graves de tipo muscular, ligamentario, tendinoso o articular de algún tipo.
- ✔ Recibiste alguna indicación de reducir la actividad física por cualquier causa.
- ✔ Padeces presión arterial alta (hipertensión) no controlada.
- ✔ Si utilizas medicamentos, como insulina, que pudieran requerir ajuste en caso de practicar ejercicio.

Encuentra tu motivación interna

Con este libro es posible aprender los elementos esenciales del *Plan de la Clínica Mayo para un corazón saludable*, pero el elemento más crítico del plan es la motivación que tiene la persona para mejorar su salud cardiaca. ¿Qué es lo que te conduce a entrar en acción?

¿Por qué es importante la motivación? Se trata de la fuerza interna que induce a actuar en primer lugar (o, dicho de otra manera, ¡si careces de motivación, es probable que no comiences el plan!).

El *Plan de la Clínica Mayo para un corazón saludable* implicará cierto trabajo y dedicación. Se enfrentarán obstáculos y la motivación te mantendrá en marcha. La motivación te sostiene durante los periodos de frustración, ansiedad y hastío –los cuales experimentarás en algún momento–. También te ayudará a enfocarte en las metas a más largo plazo que tiene el plan.

La clave para la motivación es que debe ser personal. Las razones para entrar en acción deben ser las propias y no las de alguien más. La mejor motivación proviene del interior del individuo, y sin ese impulso interno cualquier meta –en particular una meta a largo plazo como la salud cardiaca– será difícil de alcanzar.

¿Cómo descubrir la motivación interna? Debes comenzar a formularte la pregunta siguiente: "¿Por qué deseo mejorar mi salud cardiaca?"

Es posible que los antecedentes personales desempeñen algún papel, por ejemplo, que un progenitor o un hermano hayan tenido un infarto de miocardio. Quizá tengas inquietudes en torno a ciertos síntomas, como fatiga o dolor en el pecho (angina) leve. Es probable que estés interesado en mantener una calidad de vida buena durante el periodo más largo posible. Todos estos son motivos fuertes.

Tal vez los hechos y las cifras relativos a la cardiopatía hayan generado tu temor. El temor es un gran motivador. El punto es: no existen razones incorrectas para mejorar tu salud cardiaca, en tanto se trate de razones propias.

Se recomienda escribir todas tus motivaciones. Junto con cada elemento han de redactarse las razones por las que son importantes. Hecho esto deben encontrarse alternativas para mantener presentes estos motivadores, ya sea en notas autoadheribles, en calendarios o mediante recordatorios en el correo electrónico. Sé creativo. Justo en la forma en que descubriste tus motivadores, desarrolla un sistema personal de recordatorios de las razones por las que estás mejorando tu salud cardiaca. Hacer esto aumenta las posibilidades de tener éxito.

→ Sigue estos pasos para comenzar el *Plan de la Clínica Mayo para un corazón saludable*:

+ Identifica tu motivación interna. Consulta las recomendaciones que se incluyen en esta página para obtener ayuda.

+ Realiza el cuestionario *¿Estás listo para empezar?*, en las páginas 20 y 21. Soluciona cualquier cuestión que podría constituir un obstáculo para tener éxito.

+ Elige una fecha de inicio. Antes de esa fecha, familiarízate con el *inicio rápido* y las opciones para cumplir las metas Come 5, Muévete 10, Duerme 8, que se describen en el capítulo 2. Haz preparativos. Por ejemplo, ten al alcance vegetales y frutas, y planea estrategias para tener mayor actividad física y tiempo para dormir.

+ En la fecha de inicio, anímate y comienza las 2 semanas de Come 5, Muévete 10, Duerme 8, del capítulo 2.

+ Utiliza un cuaderno para registrar el avance en el alcance de las metas del inicio rápido.

+ No esperes la perfección –pero intenta. Quizá no sea posible alcanzar cada meta cada día durante las 2 semanas, pero mientras más cerca estés, los resultados serán mejores.

+ Considera solicitar a un amigo, pariente o colaborador unirse para comenzar juntos el plan. Podría incluso considerarse una competencia amistosa. Compartir tu compromiso personal con otros puede incrementar tus posibilidades de éxito.

¿Estás listo para comenzar?

Pueden existir tiempos apropiados para comenzar el *Plan de la Clínica Mayo para un corazón saludable*, y pueden darse tiempos que no lo son. No es deseable postergar la fecha de inicio un periodo mayor que el necesario, pero tampoco lo es destinarse a fallar al comenzar en un momento en el que se enfrentan obstáculos importantes en la vida.

Las respuestas a las preguntas siguientes pueden ayudarte a determinar si se trata de un buen momento para comenzar. De no ser así, trata de resolver estos factores que parecen interferir con los planes personales. Una vez que atiendas esos factores, establece una fecha para el inicio. Es necesario no utilizar estas cuestiones como una razón para postergar de manera persistente el mejoramiento de la salud cardiaca –debes aprender a enfrentarlas–.

1 **¿Qué grado de motivación tienes para hacer cambios de tu estilo de vida en este momento para mejorar tu salud cardiaca?**

a. Motivación intensa

b. Motivación moderada

c. Algo de motivación

d. Motivación escasa o nula

Saber que necesitas hacer cambios y desear enfrentar el reto son dos cosas distintas. Para ser capaz de hacer a un lado los comportamientos establecidos que afectan la alimentación, el ejercicio, el peso, o el consumo de tabaco y alcohol, se requiere motivación.

2 **Si tomas en cuenta el grado de estrés que existe en tu vida en la actualidad, ¿en qué grado es posible que te concentres en la dieta, el ejercicio, el sueño y otros cambios del estilo de vida que mejoran tu salud cardiaca?**

a. Fácilmente

b. Relativamente bien

c. Escasamente o nada

d. No sé

Tener dificultades para enfrentar el estrés puede dificultar la adopción de retos nuevos o lograr el éxito para hacer cambios conductuales.

3 Algunas metas para salud cardiaca, como la reducción de la presión arterial o las cifras de colesterol, constituyen un proceso gradual y a largo plazo. ¿Qué tan realistas son tus expectativas en cuanto a la velocidad con la que deseas lograrlas?

a. Muy realistas

b. Moderadamente realistas

c. Un tanto realistas

d. Algo o muy irreales

El cambio puede parecer ocurrir a una velocidad lenta agonizante, pero el mejoramiento de la salud cardiaca es una meta a largo plazo, para la que la velocidad a la que ocurre no importa.

4 ¿Piensas que la salud cardiaca es un compromiso a largo plazo?

a. Sí, con convicción

b. Sí, pero me preocupa más lo que ocurra ahora

c. Nunca he sido capaz de adherirme a metas a largo plazo

Los cambios más efectivos para la salud cardiaca son los permanentes. Es seguro que en ocasiones retornarás a tus viejos hábitos y comportamientos, pero cuando eso ocurra habrás aprendido estrategias para ayudarte a tomar de nuevo el camino.

¿Cuáles son los resultados?

Si la mayor parte de las respuestas son a y b, es posible que estés listo para comenzar el *Plan de la Clínica Mayo para un corazón saludable*. Si algunas de las respuestas fueron c y d, quizá sea deseable postergar la fecha de inicio y actuar para prepararte para el plan. Por ejemplo, si no estás seguro de la motivación personal, es deseable reanalizar las razones por las que se desea mejorar la salud cardiaca y explorar estrategias nuevas para facilitar la identificación de la motivación interna. Si estás experimentando un grado intenso de estrés, tal vez sea deseable lograr controlarlo antes de comenzar el programa. Tu médico personal puede ser capaz de ayudar para atender algunas de estas cuestiones para incrementar tu disposición.

CAPÍTULO 2

COME 5, MUÉVETE 10, DUERME 8

Los preliminares quedaron atrás. Es momento de comenzar el camino para alcanzar una vida más saludable. Bienvenido a Come 5, Muévete 10, Duerme 8 —el inicio rápido de 2 semanas del *Plan de la Clínica Mayo para un corazón saludable*—. Lo que aprenderás durante el *inicio rápido*, sin duda, es saludable para el corazón, pero la estrategia de *inicio rápido* también te ayudará para disfrutar la vida, otro factor crítico para la salud cardiaca.

Un inicio rápido es justo lo que sugiere –implica tomar acción inmediata–. Y Come 5, Muévete 10, Duerme 8 son metas para las cuales se entra en acción (se habla más acerca de esas cifras en un punto posterior del capítulo). El inicio rápido dura tan sólo 2 semanas.

Sin duda, existe mucho más en torno a la salud cardiaca y la prevención de la enfermedad que descubrirás más adelante –y este libro es una guía para cada paso del camino–, pero esas metas del inicio rápido son pasos importantes que das en el momento.

Durante estas 2 semanas aprenderás que el proceso de hacer al corazón más saludable y fuerte no tiene que ser complicado. Las acciones cotidianas simples pueden ayudar a prevenir la cardiopatía. La clave es transformarlas en hábitos.

Recuerda que no se trata de una competencia. Es necesario trabajar a tu propio ritmo. Debes desarrollar la confianza y fortalecer tu compromiso personal. Es posible prepararte para el *Plan de la Clínica Mayo para un corazón saludable* al leer las páginas posteriores completa la fase de **inicio rápido**. Y debes felicitarte por dar estos pasos iniciales. Este esfuerzo te puede llevar a lograr una mayor salud y felicidad.

Da seguimiento al avance

Utiliza un diario para registrar tu progreso durante el inicio rápido. Se pueden trazar columnas y filas en una hoja de cuaderno sencilla. Para cada día se coloca una marca bajo cada meta, si se alcanza, o de no ser así se deja en blanco. Al final de las 2 semanas se analizan los resultados. En la página 30 se muestra más información sobre esta tarjeta de registro.

No es necesario que esperes identificar un avance en ciertos factores de riesgo, como la reducción del colesterol. Estos parámetros de manera característica requieren más tiempo para modificarse. Pero está bien. El objetivo de Come 5, Muévete 10, Duerme 8 es moverte hacia un patrón de vida saludable. Enfócate de manera constante en seguir las recomendaciones del inicio rápido. Si esto es posible, los buenos resultados vendrán luego.

¡Comenzamos!

Paso 1: responde un cuestionario inicial

Responder estas tres preguntas definirá un punto de inicio para Come 5, Muévete 10, Duerme 8. Las respuestas no deben ser exactas –una aproximación es suficiente–.

1. ¿Cuántas raciones de verduras y frutas consumes cada día?
La respuesta debe especificarse como de 1 a 10 raciones.

Si tu respuesta fue de cinco raciones o más, existe una condición adecuada para el inicio rápido –y mientras mayor sea el número de raciones, mejor–. Si tu respuesta fue de cuatro raciones o menos, será necesario incrementar el número de raciones.

2. ¿Cuántos minutos a la semana participas en alguna actividad física con intensidad moderada?
La respuesta debe clasificarse como sigue: 0 = sin actividad, 1 = menos de 30 minutos (min), 2 = 30 a 69 min, 3 = 70 a 109 min, 4 = 110 a 149 min, y 5 = 150 min o más.

Mientras mayor actividad tengas, es mejor para tu salud cardiaca. Si la respuesta fue de 4 o 5, implica que ya tienes bastante actividad. Una respuesta de 2 o 3 implica que puedes beneficiarte a partir de una actividad mayor. Una respuesta de 0 o 1 implica que no eres muy activo.

3. ¿Cuántas noches de la semana logras un sueño adecuado?
Expresa tu respuesta de 0 a 7 días.

Un comentario sobre las raciones

Es necesario no confundir las raciones con las porciones. Una ración es una cantidad específica de alimento, que se mide en tazas o gramos. Una porción es la cantidad de alimento que se pone en un plato (una misma porción puede contener varias raciones).

Se recomienda utilizar claves visuales para calcular el tamaño de las raciones. Se puede pensar que una ración de verduras se aproxima al tamaño de una pelota de béisbol. Una ración de frutas se aproxima al tamaño de una pelota de tenis. Eso es todo lo que necesitas saber en este momento. Se muestran más datos sobre el tamaño de las raciones en la página 43.

Ésta puede ser una pregunta subjetiva –lo que se percibe como sueño adecuado para una persona puede no ser suficiente para otra–. "Adecuado" implica que despiertas con facilidad en la mañana sintiéndote descansado, y permaneces alerta durante el día. De manera idónea, deseas que esto ocurra a diario o, por lo menos, la mayor parte de los días de la semana. Si tu respuesta es de 4 días o menos, dormir más debería convertirse en una prioridad.

Paso 2: trabaja en las metas personales

Ahora estás listo para pasar a la fase siguiente del inicio rápido: Come 5, Muévete 10, Duerme 8. Es real que todas las personas comen, se mueven y duermen la mayor parte de los días. El inicio rápido asigna cifras específicas a estas actividades –y los números representan los objetivos diarios que debes alcanzar:

- ✓ Consumir 5 raciones de verduras y frutas.
- ✓ Moverte 10 minutos más.
- ✓ Dormir alrededor de 8 horas por la noche.

No es necesario preocuparte en este momento en torno a las razones y los detalles. Se darán más datos al respecto más adelante. Por el momento, ¡sólo hazlo!

Debes perseguir estos objetivos durante 2 semanas. Los resultados del cuestionario inicial se utilizan para señalar las fortalezas y las debilidades al inicio. Incluso al tiempo que persigues los objetivos se recomienda que leas las páginas posteriores de este libro para prepararte para llevar a cabo todo el *Plan de la Clínica Mayo para un corazón saludable*. Debes buscar convertir estos objetivos en hábitos permanentes.

No olvides mantener un registro simple o una lista de verificación que indique la forma en que estás alcanzando tus objetivos. Aquí se presentan algunas recomendaciones que te pueden ayudar para cumplirlos.

Un comentario sobre la intensidad del ejercicio

El concepto de intensidad moderada implica que la actividad genera sudoración ligera e incrementa un poco la respiración. Algunos ejemplos incluyen la caminata rápida, el ciclismo casual, los aeróbicos en agua, el baile de salón y la jardinería en general. Los ejercicios de intensidad más vigorosa incluyen trotar, andar con rapidez en bicicleta, nadar vueltas completas en la alberca, el baile aeróbico y las actividades pesadas de jardinería.

Come 5 raciones de verduras y frutas

Es posible que ya sepas que las verduras y las frutas son buenas –pero, ¿qué tan buenas son para incluirlas en tu dieta personal? No es difícil si prestas cierta atención y planeas un poco.

Al iniciar incluye por lo menos una ración de fruta (o verdura, si lo prefieres) en el desayuno. Come una rebanada de melón o la mitad de una toronja, o agrega cerezas o rebanadas de plátano al cereal o al yogur. El punto es que no esperes hasta la comida para integrar todas las raciones de verduras y frutas de una vez.

Nunca dejes pasar una oportunidad para agregar verduras o fruta adicionales a lo que consumes de forma normal. Esto puede ser tan simple como agregar lechuga o tomate a un sándwich, o esparcir unas cuantas verduras congeladas y cortadas en la sopa que te estás calentando. Contar con verduras y frutas disponibles para consumir a manera de colaciones, como postre o después del ejercicio ayuda a limitar otras opciones con alto contenido de calorías.

La buena noticia es que no es necesario limitarte a cinco raciones –esa es la cantidad mínima–. De hecho, la cantidad de verduras y frutas que puedes consumir en un día es ilimitada. ¡Estos alimentos son en realidad así de buenos! Avanzar

más y escoger entre un gran número de tipos, colores, texturas y sabores –a mayor variedad, mejor–.

Muévete 10 minutos más

Agrega por lo menos 10 minutos de actividad física con intensidad moderada a lo que ya haces cada día. Las recomendaciones oficiales son que tengas actividad durante cerca de 30 minutos por día la mayor parte de los días de la semana. Sin embargo, la conclusión es que muchas personas ni siquiera se acercan a esa cantidad.

Si eso parece una descripción apropiada de ti mismo, entonces es necesario moverte por lo menos durante 10 minutos cada día. Eso podría no parecer demasiado, ¡pero los estudios demuestran que hacer entre 60 y 90 minutos de actividad física moderada a la semana puede reducir el riesgo de cardiopatía entre 30 y 50%! Eso constituye un beneficio increíble a cambio de tu esfuerzo.

Sé honesto contigo mismo –incluso en los días más atareados debes poder insertar en tu horario un espacio corto para actividad–. Una vez que inicias puedes descubrir que asignas más tiempo que el planeado.

Caminar es grandioso, puesto que es simple, seguro y económico, y puedes hacerlo en casi cualquier sitio. Arreglar el jardín, andar en bicicleta y bailar también cuentan. Integrar 10 minutos en tu rutina de trabajo, como mantener "juntas laborales mientras caminas" en vez de reuniones en las que se permanece sentado. Puedes caminar mientras haces llamadas telefónicas, y ejercitarte al tiempo que ves la televisión.

Si ya practicas ejercicio de manera regular, los minutos adicionales puedes enfocarte en agregar nuevos tipos de actividad al programa o hacer ejercicio más intenso.

Encuentra formas nuevas para moverte más. La creatividad es necesaria. Busca actividades que se disfruten. Una vez que inicias, puedes darte cuenta de que ser más activo es más fácil de lo que pensabas.

Duerme alrededor de 8 horas cada noche
Dormir es algo que muchas personas indican necesitar más, pero que nunca tienen tiempo de hacer. Es algo que se mantiene excluido de un estilo de vida de comunicación 24/7 y de búsqueda del éxito.

El inicio rápido pide que duermas 8 horas (h) cada noche. No hay nada que se contraponga a que dormir bien durante la noche restituye la energía y mejora tu disposición. La falta de sueño te puede generar tendencia al olvido y a la fatiga. Lo que podrías desconocer es que la calidad del sueño es buena para el corazón.

La calidad del sueño puede requerir cambios en tu rutina para la hora de acostarte. Podría forzarte a apagar

el teléfono celular y la computadora por la tarde. Puede ser necesario que aprendas cómo relajarte. Estos pequeños cambios son los que hacen una gran diferencia.

Debe dejarse en claro que no existe un número mágico que indique cuántas horas de sueño son las óptimas. Los científicos han estudiado el tema durante años y reconocen que las necesidades de sueño varían. Un bajo número de personas puede vivir con pocas horas de sueño, pero los estudios muestran que casi todos los adultos necesitan entre 7 y 9 horas cada noche.

Considera Duerme 8 como una guía general. De acuerdo con tus circunstancias individuales, es posible que requieras un poco más o un poco menos de 8 horas. Más adelante en este libro aprenderás cómo identificar tu "número mágico" personal, pero por el momento trata de mantenerte dentro del rango de 7 a 9 horas.

Es posible que sientas que no existe manera de tener tiempo para dormir todas esas horas. Pero debes convencerte para hacer el esfuerzo durante las 2 semanas siguientes. Una vez probado, ¡puedes comprobar que es en realidad agradable!

Paso 3: verifica tu tarjeta de registro
Después de 2 semanas puedes analizar tu tarjeta de registro. Los resultados te pueden dar una mejor idea de lo que te

resulta más efectivo, con el fin de establecer hábitos nuevos o romper con los viejos. Debes recordar que lo que funciona a otra persona puede no funcionar para ti.

Para analizar tus resultados del *inicio rápido*, hay que revisar el registro o el diario que llevaste como guía. Debes seguir los pasos siguientes:

1 **Suma el número total de días en que se cumplieron cada uno de los objetivos.**

- ✔ ¿Cuáles de los objetivos fueron fortalezas para ti?
- ✔ Lista las razones por las que tuviste éxito con esos objetivos.
- ✔ ¿Cuáles de los objetivos no tuvieron un resultado tan bueno?
- ✔ Lista las razones por las que estos objetivos implicaron un reto mayor.
- ✔ Idea estrategias para lograr mejores resultados en los objetivos que implican un reto. Utiliza recursos que se muestran en otros puntos de este libro para ayudarte. Identifica por lo menos una estrategia que te sea posible utilizar de manera inmediata. Escribe todas tus ideas.
- ✔

2 **Suma el número total de objetivos que alcanzaste cada día.**

- ✔ ¿Qué días de la semana tuviste mejores resultados?
- ✔ Lista las razones por las que tuviste mejores resultados esos días.
- ✔ ¿Qué días de la semana no te fue posible alcanzar las metas con el mismo éxito?

- ✔ Lista las razones por las que tuviste un reto más intenso esos días. Trata de identificar patrones. ¿Existen días de la semana que imponen retos especiales?
- ✔ Idea estrategias para tener mejores resultados. Utiliza recursos que se muestran en otros puntos de este libro para ayudarte. Identifica por lo menos una estrategia que te sea posible utilizar de manera inmediata.

Un comienzo nuevo

Quizá tengas la esperanza de que los resultados del diario cuenten con una marca para cada objetivo de cada día de la semana. Sin embargo es poco posible ser perfecto, y tal vez no te resulte razonable. En este punto tú persigues la constancia más que la perfección –cumplir casi todos tus objetivos la mayor parte de los días–.

No te desalientes si no cumpliste todos tus objetivos todos los días. Sólo debes disfrutar el éxito que tuviste y aprender de la experiencia. Encontrarás maneras para saber cómo tener incluso resultados mejores.

La cuestión más importante en este momento es que ya iniciaste con el *Plan de la Clínica Mayo para un corazón saludable*. Estás dando los primeros pasos de un viaje de toda la vida hacia una salud cardiaca mejor. Y ese viaje continúa tan pronto como dés vuelta a esta página para llegar a la siguiente parte de este libro.

Es válido repetir que el ***inicio rápido*** es tan sólo el comienzo. Te acabas de poner los zapatos para caminar y te diriges hacia la puerta, pero aún estás a la espera de un camino largo lleno de recompensas. Existen muchas más cosas que has de aprender y hacer para mejorar tu salud cardiaca. Este libro provee los instrumentos que se requieren. En este momento debes celebrar lo obtenido. Cada pequeño detalle mejorará, al final, la salud de tu corazón y reducirá tu riesgo de presentar una cardiopatía.

Una cosa más: el ***inicio rápido*** duró 2 semanas, pero es necesario que no dejes que termine ahí. No debes planear consumir un poco más de verduras durante sólo 2 semanas y luego retomar los hábitos previos. Debes intentar lograr una ruptura definitiva con los hábitos viejos al tiempo que estableces nuevos.

El *Plan de la Clínica Mayo para un corazón saludable* es un plan de por vida. Si tienes interés en cuidar tu corazón, ¡no hay marcha atrás!

PARTE 2

10 PASOS PARA TENER UN CORAZÓN SALUDABLE

MEDICAMENTOS

COME

CIFRAS

065

URGENCIAS

DUERME

DISFRUTA

El *Plan de la Clínica Mayo para un corazón saludable* es un programa de 10 pasos para lograr una salud cardiaca mejor.

TABAQUISMO

ANTECEDENTES FAMILIARES

PESO

ESTABLECE OBJETIVOS

MUÉVETE

Haz que el *Plan de la Clínica Mayo para un corazón saludable* funcione para ti

El *Plan de la Clínica Mayo para un corazón saludable* es un programa por pasos que te pone en el camino para lograr una mejor salud del corazón. Los 10 pasos que constituyen el "corazón" del plan se muestran en la página 33.

Esta es la estrategia para unirte al plan:

+ Cada paso del *Plan de la Clínica Mayo para un corazón saludable* se analiza en un capítulo independiente (la excepción la constituyen el tabaquismo y el peso, puesto que se incluyen en un solo capítulo). Trabaja un capítulo por semana –lo que implica que requieres 10 semanas para completar el plan–. Si piensas que 1 semana por capítulo es muy rápido o lento, es posible ajustar el paso a lo que te adaptes mejor.

+ Se te indican tres objetivos para trabajar cada vez que inicias un capítulo nuevo. Estos objetivos simples se identifican con el símbolo siguiente:

+ Cada capítulo debes leerlo con cuidado para obtener información importante y recomendaciones prácticas que te ayudan a mejorar la salud cardiaca.

+ Trata de alcanzar los tres objetivos al tiempo que trabajas cada capítulo. Puedes incluir otros objetivos con base en sugerencias e ideas de lo que has leído. Una vez terminado un capítulo habrás aprendido herramientas nuevas que pueden mejorar tu salud cardiaca. No hay problema si no has alcanzado algunos de los objetivos una vez que estás listo para dar el siguiente paso. Eso no debe detener tu avance. Debes continuar avanzando y trabajando en todos tus objetivos.

Cada capítulo describe una parte importante del plan. Una vez que trabajas todos los capítulos tendrás integrado un fundamento sólido para tu plan personal para un corazón saludable.

El punto importante es "ser dueño" de tu propio plan. Asegúrate de que se ajusta a tu condición de salud específica, tus prioridades, tus necesidades y tus preferencias. Las columnas a la derecha en la página 33 muestran lo que es posible hacer.

Al final de las 10 semanas estarás listo para trazar tu rumbo para un futuro con un corazón saludable. Al utilizar las herramientas y el conocimiento que hayas obtenido, es posible que continúes construyendo tu programa e incorporar estrategias nuevas al tiempo que estás listo.

Es posible seguir el *Plan de la Clínica Mayo para un corazón saludable* apegándote al libro o ajustándolo para cubrir tus necesidades personales. Es posible trabajar cada paso en el orden que sugiere este libro (ejemplo 1), al avanzar un capítulo semana a semana. Pero digamos (ejemplo 2), si acaso tú no fumas, tienes un peso saludable y ya tomaste un curso de reanimación cardiopulmonar (RCP), entonces puedes saltarte los capítulos 6 y 11.

Por otra parte, es posible que la falta de actividad física sea tu inquietud más importante. En ese caso, puedes comenzar el programa por el capítulo 4, el capítulo sobre la actividad. En el ejemplo 3, en caso de no fumar y no recibir medicamento alguno. Además, es posible que percibas una mayor comodidad si asignas 2 semanas para cada capítulo en vez de una. Eso está bien. Debes trabajar a tu propio paso.

 Come saludable
Capítulo 3

 Sé activo
Capítulo 4

 Duerme bien
Capítulo 5

 Haz frente al tabaco
Capítulo 6

 Haz frente al peso

 Conoce las cifras personales
Capítulo 7

 Conoce los antecedentes personales
Capítulo 8

 Establece los objetivos
Capítulo 9

 Toma los medicamentos prescritos
Capítulo 10

 Planea para emergencias
Capítulo 11

 Disfruta la vida
Capítulo 12

Ejemplo 1

Ejemplo 2   Ejemplo 3

CAPÍTULO 3

COME SALUDABLE

Toda persona puede elegir lo que come y cómo consumirlo. Este capítulo te ayuda a saber qué opciones pueden ser más relevantes para tu salud cardiaca y tu salud en general.

? VERDADERO O FALSO

Algunos tipos de grasa en la dieta pueden reducir el colesterol.
- Verdadero
- Falso

Verdadero. El consumo de grasas monoinsaturadas como los aceites de canola, cacahuate y oliva, son "grasas buenas" y pueden reducir el colesterol.

Modificar tu dieta puede constituir un reto. No se trata de que nunca más puedas comer una hamburguesa y papas fritas. Mejor aún, se modifica tu enfoque para elegir alimentos más saludables la mayor parte del tiempo –una ensalada para la hora del almuerzo, pollo o pescado en vez de carnes rojas, una manzana en lugar de una galleta como bocadillo–.

Algunas de las acciones más importantes que tú tomas para mejorar la salud del corazón implican a tu dieta y los hábitos alimenticios. Lo que consumes incrementa o reduce la presión arterial, el colesterol y la glucosa en la sangre, a la vez que gobierna el control del peso. También puedes reducir el riesgo de enfermedad cardiaca.

Por ejemplo, puedes tomar el objetivo del capítulo 2 de comer más verduras y frutas. Las personas que consumen de manera regular cinco o más raciones de verduras y frutas cada día limitan su riesgo de presentar un infarto de miocardio y un evento vascular cerebral (infarto cerebral).

Ahora es tiempo de analizar todos los aspectos de tu dieta personal: lo que comes, el sitio en que lo consumes, la cantidad que comes y la forma en que preparas los alimentos. Tú podrías encontrar tu camino por ensayo y error o avanzando dos pasos y retrocediendo uno, pero los buenos hábitos alimenticios se desarrollarán de la misma manera que los "malos", –ya lo aprenderás–.

¡Sí puedo!

Construiré cada paso del *Plan de la Clínica Mayo para un corazón saludable* semana a semana con estos objetivos simples:

+ Desayunar cada mañana y elegir para ello granos integrales, productos lácteos bajos en grasa, frutas y nueces, y evitar los cereales azucarados y los productos horneados.

+ Probar una nueva receta saludable para el corazón y seguir agregando recetas cada semana durante todo el programa.

+ Consumir por lo menos dos comidas sin carne cada semana.

Cinco claves para tener una dieta y un corazón más saludables

Aplica estos puntos clave para integrar una dieta más saludable. En las páginas 44 a 51 es posible consultar recetas que te ayudarán a tener una dieta saludable para el corazón.

1 Consume más verduras y frutas.
Todas las madres tienen razón al insistir en que sus hijos coman brócoli. Las verduras y las frutas son el fundamento de una dieta saludable. Tienen alto contenido de vitaminas, minerales, fibra y antioxidantes que pueden reducir los riesgos de salud. Las verduras y las frutas también tienen bajo contenido de grasas y colesterol.

La mayor parte de la gente no consume suficientes verduras y frutas —en parte debido a que estos alimentos parecen menos prácticos, menos asequibles y no son tan fáciles de preparar como muchas comidas rápidas y productos procesados—. Una queja común es que las verduras tienen poco sabor. Sin embargo, no es necesario que disfrutes cada tipo de verdura y fruta —tan sólo identifica los que te agradan y consúmelos—.

Se recomiendan verduras y frutas que requieran poca preparación, como zanahorias tiernas, tomate cherry, brócoli, coliflor, uvas, plátanos y manzanas. Las variedades congeladas también son prácticas como una adición rápida a las comidas. Ten a la mano un recipiente con frutas para consumir colaciones con facilidad. Debido al procesamiento, el jugo de fruta

y las frutas secas, como las uvas pasa y las ciruelas pasa, pueden ser una fuente concentrada de calorías —consúmelos con moderación—.

Puedes utilizar las siguientes recomendaciones para agregar más verduras y frutas a tu dieta:

+ Ordena o prepara platos fuertes que incluyan alimentos de origen vegetal —y utiliza carne, productos lácteos y otros elementos para complementar la comida—. Puedes retarte a consumir dos o tres comidas sin carne cada semana.

+ A la hora de comer, consume primero las porciones de verduras y no las dejes para el final, una vez que se terminan los otros alimentos y el estómago comienza a sentirse satisfecho.

+ Agrega verduras y frutas adicionales a los alimentos que consumes comúnmente. Añade un puñado de verduras a la sopa. Añade tomate fresco, y rebanadas de pimiento y cebolla a un sándwich. Combina fruta fresca con el cereal para el desayuno, o mezcla la fruta con yogur o queso cottage. Adornar las raciones pequeñas de postre y los *hot cakes* con fruta.

+ Incluye una ensalada o sopa de verduras en tu almuerzo y tu comida. Elige una sopa enlatada con bajo contenido de sodio, o prepara la propia. Utiliza mucha salsa fresca cuando tengas antojo de comer unas papas fritas.

+ Si consideras que las verduras crudas son "alimento para conejo", puedes cocerlas un poco o asarlas. Espolvoréalas con hierbas para complementar su sabor. O bien, come verduras crudas con un dip natural bajo en grasas o crema de cacahuate natural.

2 **Desayuna… y hazlo bien.** Consumir un desayuno saludable es una de las mejores alternativas para asegurar que tienes una dieta variada, balanceada y moderada. Cuando desayunas existe una posibilidad mayor de que obtengas las vitaminas, los minerales y la fibra que requieres para tener una buena salud. El desayuno te ayuda a controlar el peso, reducir el consumo de grasas y disminuir el colesterol. También es posible que descubras que consumir un desayuno mejora tu concentración y tu productividad a lo largo del día.

Para comer un buen desayuno, incluso cuando no tienes hambre, puedes intentar estas sugerencias:

+ Si antes no desayunabas, haz un cambio gradual. Desayuna dos veces por semana, y luego trata de incrementar a tres. Tu objetivo eventual es desayunar todos los días.

+ Si el tiempo es un problema durante la mañana, prepara algo la noche anterior. Coloca una caja de cereal, un tazón y una cuchara en la mesa. O ten lista una malteada enlatada para desayunar, o bien prepárate una.

+ Ten a la mano alimentos que puedas llevar contigo para comer en el auto, el

Enfoque del especialista:

Francisco Lopez-Jimenez, M.D., es un experto en cardiología preventiva en la Clínica Mayo.

La naturaleza nos da gran cantidad de oportunidades. En alguien que tiene muchos factores de riesgo, resulta impresionante cómo por el sólo hecho de volverse un poco más activo y comer mejor muchos de los problemas pueden controlarse. Incluso si el organismo ha estado expuesto a elementos dañinos durante 30 o 40 años, hacer lo adecuado durante 6 meses puede generar cambios positivos.

transporte público, o en el trabajo. Entre los alimentos que puedes portar con facilidad se encuentran manzanas, plátanos, rosquillas de granos integrales y yogur con bajo contenido de grasa en contenedores para una sola ración.

+ Elige el desayuno con cuidado. Muchos cereales para el desayuno se adicionan con azúcar innecesaria. Debes evitar las galletas, los panquecillos y las donas, que de manera característica tienen alto contenido en grasas saturadas y azúcar.

+ Si no te agradan los alimentos tradicionales para el desayuno, puedes prepararte un sándwich.

3 **Busca los cereales.** Los cereales, en particular los granos integrales, forman una parte esencial de una dieta saludable. Todos los tipos de granos son una fuente con alto contenido en carbohidratos complejos y vitaminas y minerales clave. Los cereales también tienen bajo contenido en grasas de manera natural. Mejor aún, se les vincula con un riesgo más bajo de cardiopatía.

Al elegir productos de cereales, debes buscar la palabra *integral* en el empaque. Los granos enteros conservan la cascarilla (salvado) y el germen, que son fuentes de fibra, vitaminas y minerales. El proceso de refinamiento de la harina elimina el salvado y el germen. Y el simple hecho de que la palabra *trigo* aparezca en el empaque no implica que se trate de un grano integral.

Los cereales integrales incluyen pan de trigo integral, pasta y galletas saladas, arroz integral, arroz silvestre, avena, cebada, trigo bulgur, alforfón y maíz palomero.

Aquí se muestran algunas recomendaciones para incluir gran cantidad de granos beneficiosos en tu dieta cotidiana:

+ Disfruta desayunos que incluyan cereales de granos integrales, como hojuelas de salvado, trigo triturado o avena. Sustituye las rosquillas tradicionales por pan tostado de trigo integral o rosquillas integrales. Sustituye las galletas azucaradas de harina de trigo por panquecillos de salvado bajos en grasas.

+ Prepara sándwiches con panes o bollos de granos integrales. Sustituye las tortillas de harina de trigo por variedades de trigo integral.

+ Sustituye el arroz blanco con arroz integral, arroz silvestre o bulgur.

+ Incluye arroz silvestre o cebada en las sopas, los estofados, los guisados y las ensaladas.

+ Sustituye con granos integrales, como arroz integral cocido o pan molido de granos integrales en las recetas de carne molida roja o de ave.

+ Utiliza hojuelas de avena o salvado molido en las receta en vez de pan molido seco.

4 **Concéntrate en las grasas.** De todos los cambios que pueden convertir tu dieta en una saludable para el corazón, reduciendo la cantidad de grasas saturadas y de grasas trans −pensar en las grasas sólidas como la mantequilla, la margarina y la manteca vegetal− en los alimentos que consumes puede tener el impacto más intenso.

Estas grasas incrementan las cifras de colesterol y aumentan el riesgo de presentar enfermedad arterial coronaria, infarto de miocardio e infarto cerebral (evento vascular cerebral).

No debes tratar de eliminar toda la grasa de tu dieta –se requiere cierta cantidad para tener una buena salud–. Pero ciertos tipos de grasas son mejores que otros. Elige las grasas monoinsaturadas, como los aceites de oliva, cacahuate y canola, o las grasas poliinsaturadas, que se encuentran en las nueces y semillas. Sólo recuerda que todas las grasas, buenas y malas, tienen alto contenido de calorías.

Los alimentos que derivan de fuentes animales –carne roja, carne de ave, huevos, mantequilla, queso y leche entera– son fuentes importantes de colesterol. El colesterol de los huevos se encuentra en la yema, no en la clara.

Para reducir las grasas no saludables en la dieta:

+ Limita las grasas sólidas que se agregan a los alimentos al cocinarlos. Sustituye la mantequilla o la margarina con aceite de oliva, cacahuate o canola. Utiliza sartenes con antiadherente o aceite vegetal en aerosol para cocinar. Saltea las verduras en una cantidad pequeña de agua, caldo o vino.

+ Adorna las papas horneadas con salsa o yogur con bajo contenido en

Un comentario sobre la sal

La mayor parte de la gente consume demasiada sal (cloruro de sodio) –casi el doble de la cantidad que requieren cada día–. La reducción del consumo de sal ayuda a reducir la presión arterial y el riesgo de enfermedad cardiovascular.

La sal de mesa que se agrega a una papa horneada o a los huevos revueltos es tan sólo una porción pequeña de la sal de la dieta. La mayor parte del sodio dietético proviene de los alimentos procesados que se consumen. Los aditivos que ayudan a conservar los alimentos y mejorar su sabor también se encuentran cargados de sodio.

Intenta consumir una cantidad mayor de alimentos frescos y menos comidas procesadas. Quizá descubras que después de disminuir de manera gradual el uso de la sal las papilas gustativas se ajustan y preferirás menos sal.

Al hacer tus compras busca productos alternativos con bajo contenido en sodio o limitados en sodio. Además, limita el uso de condimentos, que de manera característica se encuentran cargados de sodio –como los aderezos para ensaladas, las salsas, los dips y la salsa catsup–.

grasas en lugar de agregarles mantequilla o margarina, y utiliza mermelada con bajo contenido en azúcar en el pan tostado.

+ Revisa las etiquetas de los alimentos empacados. Algunos bocadillos –incluso los que se etiquetan como "bajos en grasa"– pueden contener grasa trans.

+ Elige las variedades con bajo contenido en grasa de leche, yogur y otros productos lácteos.

+ El queso es una fuente común de grasa saturada. Elige las variedades con bajo contenido o reducidas en grasa como el mozzarella y el parmesano, y consúmelos con moderación.

⑤ Modérate con las con proteínas. Entre las fuentes con alto contenido en proteínas se encuentran la carne roja magra, la carne de ave y los productos lácteos con bajo contenido en grasa. Sin embargo, las legumbres –frijoles, chícharos y lentejas– son buenas fuentes de proteína y pueden sustituir a las carnes rojas. Contienen poca grasa y carecen de colesterol, y tienen alto contenido en fibra.

Si en realidad deseas reforzar la salud cardiaca, come más pescado. Los ácidos grasos omega-3 que se encuentran en muchos tipos de pescado, como salmón, caballa, arenque y trucha, parecen reducir el riesgo de morir por cardiopatía (enfermedad cardiaca). La American Heart Association recomienda comer pescado por lo menos dos veces por semana.

Muchas variedades de frutos secos como la nuez de nogal, las almendras, las avellanas y las nueces pecanas, contienen ácidos grasos omega-3 y pueden ayudar a reducir el colesterol. Sin embargo, las nueces también tienen alto contenido en calorías –de manera que un puñado pequeño es suficiente–.

Utiliza estas sugerencias para incluir proteínas con bajo contenido en grasa en tu dieta:

+ Incorpora sustitutos de carne en algunas de tus recetas favoritas, usando frijoles refritos en burritos y tacos, o tofu en guisados.

+ Elimina la grasa visible de la carne antes de cocinarla. Asa la carne a la parrilla, rostízala o cuécela en una rejilla para que se escurra la grasa restante.

+ Si te disgusta el sabor del pescado, inclúyelo como parte en otro platillo, ya sea en la sopa o la ensalada. O elige un pescado de sabor suave, como la tilapia, para prepararlo en tacos.

+ Evita comer pescado frito. En lugar de eso con una brocha unta un filete con un poco de aceite de oliva y ralladura de limón o lima, o con mostaza y, a continuación, asa, hornea o cocínalo a la perfección a la parrilla.

+ Cocina el pescado y el pollo sin piel en caldo, jugo de verduras, vinagre o vino seco aromatizado. También lo puedes cocinar en paquetes de papel aluminio que sellan los sabores y jugos.

+ Espolvorea un puño de nueces picadas a tus platillos. Asadas de antemano garantizan un buen sabor y textura. Las nueces también son buenos refrigerios, pero tienen alto contenido de calorías.

Variedad, equilibrio y moderación

La selección de tus alimentos cotidianos debe basarse en tres principios que son fáciles de recordar y de seguir: variedad, equilibrio y moderación. Incluir una gran variedad de alimentos en tu dieta es la mejor alternativa para obtener todos los nutrimentos que tu organismo necesita. Tener una dieta balanceada implica que seleccionas de manera adecuada las cantidades de distintos tipos de alimentos –ni poco ni demasiado de cualquier tipo–.

+ Comer con moderación significa que tienes el control del tamaño de la porción y que no consumes en exceso. Incluso si se trata de algún alimento saludable, comer demasiado genera muchas calorías.

+ "Variedad" significa consumir alimentos de distintos grupos –verduras, frutas, cereales, carne y productos lácteos–, así como consumir distintos alimentos de cada uno de estos grupos. El organismo necesita muchos tipos de nutrientes y no es posible obtenerlos todos de tan sólo unas cuantas fuentes.

+ Reta a tus papilas gustativas al probar alimentos que nunca has consumido –quizás se trate de papaya, tomate verde, acelga o jícama–. Establece el objetivo de probar por lo menos un alimento nuevo cada semana.

+ Evita obsesionarte con los objetivos precisos de raciones diarias. Si te centras en la semana completa, las fluctuaciones y los errores en cuanto a la elección diaria de la comida se eliminarán por sí solos.

+ Come cuando tengas hambre y no sólo porque sientes cansancio, soledad, ira o frustración. Comer por razones distintas al hambre suele conducir al consumo excesivo.

+ Para controlar el consumo excesivo, sirve porciones más pequeñas e ingiere un poco menos de lo que planeabas. Utiliza un plato plano u hondo más pequeño, eso hará que una cantidad menor de comida parezca mayor.

+ Reduce la velocidad entre un bocado y otro –conversa con tu compañero de mesa, bebe agua o consume un pedazo de fruta–. Se requieren alrededor de 10 minutos para que tu estómago le indique al cerebro que está satisfecho. Si esperas para recibir la señal tendrás menor posibilidad de comer en exceso.

+ Lo que tú haces 90% de las ocasiones es lo que importa, no los momentos esporádicos en que das traspiés o se te olvida hacer algo. Si es posible adherirte a un patrón de consumo saludable la mayor parte de la semana, es válido darte un gusto ocasional.

Platos y raciones

La Secretaria de Salud de México emitió una norma oficial (NOM-043.SSA2-2005) para recordar a los mexicanos comer de forma saludable. Las recomendaciones incluyen elegir verduras y frutas, además de productos de granos de tipo integral de manera primordial, consumir lácteos libres de grasa o con bajo contenido en grasa, y elegir alimentos con un contenido bajo en sodio. Para obtener más información sobre El Plato del Bien Comer, visita la página electrónica www.promocion.salud.gob.mx.

Una ración de alimento es una medida precisa, y su tamaño varía con base en el número de calorías de cada alimento específico. Sin embargo, no necesitas memorizar o medir para lograr obtener raciones de tamaño adecuado. Puedes recurrir a claves visuales simples para calcular el tamaño de una ración de forma independiente.

1 ración de verduras =	1 pelota de béisbol	
1 ración de frutas =	1 pelota de tenis	
1 ración de carbohidratos =	1 disco de hockey	
1 ración de proteínas o lácteos =	1 paquete de cartas o menos	
1 ración de grasas =	1 a 2 dados	

Recetas para un corazón saludable

Salmón asiático a la parrilla - 4 PORCIONES

1 cucharada sopera de aceite
  de ajonjolí

1 cucharada de salsa de soya reducida
  en sodio

1 cucharada de jengibre fresco picado

1 cucharada de vinagre de vino de arroz

4 filetes de salmón de 120 g (4 oz)
  cada uno

POR PORCIÓN:

Calorías	190
Grasas totales	11 g
Colesterol	60 mg
Sodio	200 mg
Fibra dietética	0 g

1. Combinar el aceite de ajonjolí, la salsa de soya, el jengibre y el vinagre en un plato de vidrio poco profundo.

2. Agregar el salmón y voltearlo para bañar todos sus lados. Refrigerar durante 30 a 60 minutos, y voltear de forma ocasional. Precalentar la parrilla a temperatura media alta.

3. Engrasar la parrilla con poca grasa y colocar el salmón sobre ella. Asar cada lado alrededor de 5 minutos. El pescado se encuentra cocido cuando un corte con cuchillo hasta el centro del pescado revela que la carne rosada adquirió un aspecto casi opaco. Servido caliente.

Puttanesca con arroz integral - 4 PORCIONES

4 tazas de tomates redondos maduros
   cortados en cubos

4 aceitunas negras (Kalamata), deshuesadas
   y rebanadas

4 aceitunas verdes, deshuesadas y rebanadas

1 ½ cucharada de alcaparras, enjuagadas
   y escurridas

1 cucharada de ajo picado

1 cucharada de aceite de oliva

¼ taza de albahaca fresca picada

1 cucharada de perejil fresco picado

⅛ cucharadita de hojuelas de pimiento rojo

3 tazas de arroz integral cocido

1. En un tazón grande combinar los tomates,
   las aceitunas, las alcaparras, el ajo y el aceite.

2. Agregar la albahaca, el perejil y las hojuelas
   de pimiento rojo, revolviendo para mezclar.

3. Cubrir y permitir que repose a temperatura
   ambiente durante 20 a 30 minutos, y revolver
   de forma ocasional.

4. Servir sobre el arroz cocido caliente.

POR PORCIÓN

Calorías	240
Grasas totales	7 g
Colesterol	0 mg
Sodio	200 mg
Fibra dietética	4 g

Pollo salteado con berenjena y albahaca - 4 PORCIONES

¼ taza (10 g [⅓ oz]) de albahaca fresca picada gruesa

2 cucharadas de menta fresca picada

¾ taza (180 mL [6 oz]) de caldo de pollo, natural o de cubo

3 cebollas cambray, que incluyan tallos verdes tiernos, 2 picadas en trozos gruesos y 1 en rebanadas finas

2 dientes de ajo

1 cucharada de jengibre fresco pelado y picado

1 cucharada de aceite de oliva extravirgen

1 berenjena pequeña con su cáscara, cortada en cubos (alrededor de 4 tazas)

1 cebolla amarilla, picada en trozos gruesos

1 pimiento rojo, desvenado y cortado en juliana

1 pimiento amarillo, desvenado y cortado en juliana

450 g (1 lb) de pechuga de pollo deshuesada y sin piel, cortada en tiras de 1.5 cm (½ pulgada) de ancho y 5 cm (2 pulgadas) de largo

2 cucharadas de salsa de soya con bajo contenido en sodio

1. En una mezcladora o procesadora de alimentos, combinar la albahaca, la menta, ¼ de taza de caldo, las cebollas cambray picadas, el ajo y el jengibre. Pulsar hasta que la mezcla se encuentre picada cuidando que no se forme un puré. Reservar.

2. En una sartén antiadherente grande, calentar 1 cucharada de aceite de oliva a fuego medio alto. Agregar la berenjena, la cebolla amarilla y los pimientos, y saltearlos hasta que las verduras adquieran una consistencia blanda, alrededor de 8 minutos. Pasarlos a un tazón y cubrirlos con un trapo de cocina para mantenerlos tibios.

3. Agregar la cucharada de aceite de oliva restante a la sartén y calentar a fuego medio alto. Agregar la mezcla de albahaca y saltearla cerca de 1 minuto, revolviendo de manera constante. Agregar las tiras de pollo y la salsa de soya, y saltear hasta que todo el grosor del pollo tenga un aspecto casi opaco, alrededor de 2 minutos.

4. Agregar la ½ taza de caldo de pollo y permitir que hierva. Regresar la mezcla de berenjena a la sartén y revolver hasta que se caliente, alrededor de 3 minutos. Vaciar en un plato precalentado y decorar con la cebolla cambray rebanada. Servir de inmediato.

POR PORCIÓN

Calorías	248
Grasas totales	8 g
Colesterol	66 mg
Sodio	408 mg
Fibra dietética	4 g

Ensalada de arrachera a la parrilla con vinagreta de elote asado - 6 PORCIONES

3 tazas de dientes de elote frescos o congelados (descongelado)

½ taza de caldo de verduras, sin sal

2 cucharadas de jugo de lima fresco

2 cucharadas de pimiento rojo picado

2 cucharadas de aceite de oliva extravirgen

½ cucharadita de pimienta negra recién molida

¼ taza de cilantro fresco picado

1 cucharada de comino molido

2 cucharaditas de orégano seco

¼ cucharadita de hojuelas de pimiento rojo

360 g (¾ lb [12 oz] de arrachera

1 lechuga romana grande, limpia y cortada en trozos grandes

4 tazas de tomates cherry, cortados en mitades

¾ taza de cebolla morada en rebanadas finas

1 ½ tazas de frijoles negros cocidos, sin sal

1. Asar el elote en un comal grande de hierro o en una sartén antiadherente a fuego medio alto, revolviendo con frecuencia, hasta que comience a tomar un tono dorado, durante 4 a 5 min, y luego reservar.

2. En un procesador de alimentos, combinar el caldo, el jugo de lima, el pimiento y 1 taza de elote asado. Pulsar hasta obtener un puré. Agregar aceite de oliva, ¼ de cucharadita de pimienta negra y cilantro. Pulsar para mezclar. Apartar la vinagreta.

3. Precalentar una parrilla o asador. Lejos de la fuente de calor, aplicar una capa ligera de aceite para cocinar en aerosol a la parrilla y luego colocarla en su sitio, a una distancia de 10 a 15 cm (4 a 6 pulgadas) del fuego.

4. En un cuenco pequeño, mezclar el comino, el orégano, las hojuelas de pimiento rojo y ¼ cucharadita de pimienta negra. Frotar con la mezcla ambos lados de la arrachera. Asar la carne, girando una vez, hasta que se dore, cerca de 4 a 5 min por cada lado. Cortar por el centro para verificar el cocimiento. Permitir que repose durante 5 minutos. Rebanar la carne en contra del sentido de las fibras en rebanadas finas. Cortar cada rebanada para obtener trozos de 5 cm (2 pulgadas) de largo.

5. En un cuenco grande, combinar la lechuga, los tomates, la cebolla, los frijoles negros y el resto del elote asado. Agregar la vinagreta y girar con suavidad para mezclar bien y cubrir por completo.

6. Para servir, separar la ensalada en platos individuales. Adornar cada porción con rebanadas de arrachera.

POR PORCIÓN

Calorías	309
Grasas totales	7 g
Colesterol	28 mg
Sodio	243 mg
Fibra dietética	10 g

Ensalada cuscús - 8 PORCIONES

1 taza de cuscús de Marruecos de trigo integral*

1 taza de calabacitas largas, cortadas en trozos de ½ cm aprox.

1 pimiento rojo mediano, cortado en trozos de ½ cm aprox.

½ taza de cebolla morada picada fina

¾ cucharadita de comino molido

½ cucharadita de pimienta negra molida

½ taza de aderezo italiano bajo en grasas

Perejil o albahaca frescos picados para adornar (opcional)

1. *Para cocinar el cuscús, seguir las instrucciones para preparación del paquete. El cuscús instantáneo puede prepararse con tan sólo agregarle agua hervida, en tanto el cuscús tradicional de Marruecos requiere un tiempo de cocción más prolongado.

2. Una vez que el cuscús se cocina, esponjar utilizando un tenedor. Mezclar la calabaza, el pimiento, la cebolla, el comino y la pimienta negra. Verter el aderezo italiano sobre la mezcla y revolver para combinar. Cubrir y refrigerar durante 8 horas. Agregar la decoración antes de servir.

POR PORCIÓN	
Calorías	80
Grasas totales	1 g
Colesterol	0 mg
Sodio	240 mg
Fibra dietética	2 g

Sloppy Joes vegetarianos o de pavo - 10 PORCIONES

450 g (1 lb) de carne de pechuga de pavo molida o 360 g (12 oz) de carne de soya

½ cebolla picada fina (alrededor de ¾ taza)

1 zanahoria picada fina

½ pimiento verde picado

1 ½ tazas de calabacita larga picada

3 dientes de ajo picados

1 lata de 180 g (6 oz) de extracto de tomate sin sal

1 ½ tazas de agua

1 cucharada de chile en polvo poco picante

1 cucharadita de paprika

1 cucharadita de orégano seco

½ cucharadita de pimienta negra molida

150 g (5 oz) de queso cheddar bajo en grasas, en rebanadas finas

10 bollos de trigo integral para hamburguesa

1. En una sartén grande y a fuego medio alto, saltear el pavo molido hasta que se dore, alrededor de 7 minutos. Agregar la cebolla y saltear 2 minutos más. Agregar la zanahoria y el pimiento verde, y saltear otros 2 minutos. Agregar la calabacita y el ajo, y saltear 2 minutos más.

2. Agregar el extracto de tomate y el agua, agitando hasta que el extracto se disuelva. Agregar el chile en polvo, la paprika, el orégano y la pimienta. Dejar a fuego medio y continuar cocinando hasta que la mezcla se espese, alrededor de 10 minutos.

3. Precalentar un asador. Repartir el queso en las mitades inferiores de los bollos para hamburguesa. Transferir las dos mitades de los bollos al asador, abiertos, y tostar hasta que el queso se derrita y los bollos se tuesten.

4. Retirar los bollos del asador y llenar cada hamburguesa con la mezcla de carne y verduras. Servir de inmediato.

POR PORCIÓN

Calorías	230
Grasas totales	5 g
Colesterol	35 mg
Sodio	340 mg
Fibra dietética	5 g

Ensalada de manzana y lechuga

TIEMPO DE PREPARACIÓN, 15 MIN ✚ 4 PORCIONES

¼ taza de jugo de manzana sin
   endulzante

2 cdta de jugo de limón

1 cdta de aceite de canola

2 ¼ cdta de azúcar mascabado

½ cdta de mostaza Dijón

¼ cdta de preparado para pay de
   manzana

1 manzana roja mediana picada

6 tazas de mezcla de hojas verdes
   tiernas

1. Mezclar el jugo de manzana, el jugo de limón, el aceite, el azúcar mascabado, el preparado para pay y la mostaza en un cuenco grande para ensalada.
2. Agregar la manzana y revolver para cubrir.
3. Agregar las hojas verdes para la ensalada y revolver para mezclar justo antes de servir.

POR PORCIÓN

Calorías	80
Grasas totales	4 g
Colesterol	0 mg
Sodio	20 mg
Fibra dietética	3 g

Pastel de frutos mixtos y de granos integrales para la hora del café - 8 PORCIONES

½ taza de leche descremada

1 cucharada de vinagre

2 cucharadas de aceite de canola

1 cucharadita de esencia de vainilla

1 huevo

⅓ taza compactada de azúcar mascabado

1 taza de harina para pastel de trigo integral

½ cucharadita de polvo para hornear

½ cucharadita de canela molida

⅛ cdta de sal

1 taza de frutos mixtos congelados, como mora azul, frambuesa y zarzamora (no descongelar)

¼ taza de granola baja en grasas, un poco machacada

1. Calentar el horno a 175 °C. Rociar un molde redondo para pastel de 20 cm con aceite para cocinar en aerosol, y enharinar.

2. En un cuenco grande, mezclar la leche, el vinagre, el aceite, la vainilla, el huevo y el azúcar mascabado, hasta obtener una mezcla homogénea. Mezclar la harina, el polvo para hornear, la canela y la sal, hasta que se integren. Incorporar con movimientos envolventes la mitad de los frutos en la mezcla. Vaciar con una cuchara en el molde preparado. Esparcir sobre la mezcla los frutos restantes y recubrir con la granola.

3. Hornear durante 25 a 30 minutos, o hasta que se obtenga un tono dorado y la tapa del pan vuelva a subir al tocarla en el centro. Dejar enfriar en el molde, en una parrilla de reposo, durante 10 minutos. Servir caliente.

POR PORCIÓN

Calorías	160
Grasas totales	5 g
Colesterol	25 mg
Sodio	140 mg
Fibra dietética	3 g

CAPÍTULO 4

SÉ ACTIVO

De todos los pasos que puedes dar para tu salud cardiaca, éste es uno de los más simples e importantes. Tú puedes comenzar, de manera literal, al dar un paso.

(?) VERDADERO O FALSO

Permanecer sentado la mayor parte del día puede ser tan malo para tu corazón como fumar.

● Verdadero

● Falso

Verdadero. Estudios recientes demostraron que permanecer sentado la mayor parte del día incrementa el riesgo de cardiopatía hasta un grado similar al relacionado con el tabaquismo.

Ser activo te ayuda de muchas maneras –mejora el sueño, el control del peso, la concentración y el estado de ánimo–. El ejercicio que se practica con regularidad puede ayudarte a controlar tu presión arterial y el colesterol, a la vez que reducir el riesgo de afecciones tales como cardiopatía, evento vascular cerebral, diabetes, osteoporosis, depresión, enfermedad de Alzheimer y disfunción eréctil.

Los beneficios del ejercicio son válidos para todas las personas –de manera independiente a la edad, el peso, el sexo, la raza, la salud y la condición física–. Y mientras más activo seas, más puede ayudarte.

Muchas personas piensan por error que la única actividad que traerá un beneficio a su corazón es el acondicionamiento vigoroso en el gimnasio. A pesar de esto, en realidad tú puedes reducir de forma radical tu riesgo de cardiopatía en mucho menos tiempo del que podrías haber pensado.

Incluso si no puedes cumplir con la guía recomendada de cerca de 30 minutos por día, cualquier ejercicio que practiques ayuda a mejorar tu salud cardiaca y a reducir el riesgo de enfermedad. Y una vez que inicias, es posible que descubras que deseas hacer más –tan sólo porque te sientes bien–.

¡Sí puedo!

Construiré cada paso del *Plan de la Clínica Mayo para un corazón saludable* semana a semana con estos objetivos simples:

+ Encontrar opciones para convertir 10 minutos (o más) de cada día del tiempo sedentario normal en un tiempo activo; por ejemplo, tener juntas de "caminar y hablar", tomar descansos cortos para levantar mancuernas, y andar en bicicleta estacionaria mientras ves la televisión.

+ Participar en alguna actividad nueva o clase de ejercicio que siempre hayas considerado interesante y divertida.

+ Programar un tiempo regular para la ejercitación durante la semana, que incluya qué es lo que se hará, cuándo, dónde y durante cuánto tiempo lo haré.

5 claves para la actividad física y la salud cardiaca

Utiliza estas recomendaciones para ayudarte a ser más activo. Para leer más sobre los principios básicos de un programa simple de caminata, consulta las páginas 60 y 61.

1 **Ponte de pie por un corazón saludable.** Los investigadores encontraron que un estilo de vida sedentario –pasar gran cantidad de tiempo sentado frente a un escritorio, en un vehículo, o frente a una televisión o monitor de computadora– incrementa tu riesgo de muerte por cardiopatía.

Más alarmante aún resulta el hecho de que este incremento de riesgo parece ser independiente del grado de ejercicio que practicas. Algunos estudios demostraron que entre las personas que se ejercitan con regularidad, las que pasan la mayor parte del tiempo sentadas mientras no se están ejercitando tuvieron una tasa de muerte más alta que aquellas que permanecían sentadas menos tiempo.

Otros estudios demostraron que la disminución más intensa del riesgo de cardiopatía se logra cuando una persona pasa de tener un estilo de vida sedentario a la actividad, incluso por tan poco como 1 hora a la semana. Puedes hacer esto con sólo "robar tiempo" a lo largo de un día normal. En la sección "Ponerte de pie" de la página siguiente pueden identificarse varias alternativas simples.

2 **Comienza con 10.** Si no has tenido actividad física durante algún tiempo, no puedes comenzar a ejercitarte 45 minutos cada día durante los 7 días de la semana. Comienza con 10 minutos o un periodo similar de actividad física moderada, como la caminata rápida –algo que obliga a tu corazón a bombear y que respires con mayor rapidez, pero que aún te permita mantener una conversación–.

Al tiempo que tú adquieres mayor condición física, invierte un mayor tiempo y trabaja un poco más duro para estar activo. Es posible incrementar la duración de una sola vez o programar periodos cortos de actividad a lo largo del día. El objetivo eventual es mantener una actividad de 30 minutos la mayor parte de los días de la semana. Puedes probar una combinación –trabajar más duro algunos días y menos otros–.

+ Divide la actividad en sesiones pequeñas, de ser necesario. Tres sesiones de 10 minutos ofrecen beneficios similares a una sesión de 30 minutos.

+ Recuerda que incluso los niveles bajos de actividad resultan beneficiosos. Sacar a pasear a un perro, barrer las hojas, jugar un juego de persecución con los hijos o los nietos –estas actividades no toman demasiado tiempo, pero pueden hacer una brecha importante en tu tiempo sedentario–.

Ponte de pie

Una alternativa muy simple y efectiva para dar al corazón un impulso saludable es limitar el tiempo que permaneces sentado. Aquí se presentan tan sólo algunas sugerencias para combatir el sedentarismo en la rutina cotidiana.

En casa

+ Estírate, anda en una caminadora o utiliza una bicicleta fija mientras ves televisión.
+ Lava tu auto a mano.
+ Aspira las alfombras y sacude los muebles.
+ Haz una caminata corta antes del desayuno o programa la cena 30 minutos antes de lo ordinario y sal a caminar después.
+ Anda en la caminadora mientras lees.
+ Camina mientras hablas por teléfono.

En el trabajo

+ Utiliza las escaleras y no el elevador, por lo menos los primeros pisos —tanto para subir como para bajar—.
+ Da un paseo durante la hora de la comida.
+ Levántate y acude con tus compañeros en lugar de enviarles correos electrónicos.

+ Haz ejercicios de estiramiento o calisténicos ligeros mientras trabajas en el escritorio.
+ Toma un descanso durante las actividades —levántate y estírate, y camina alrededor—.
+ Camina en la oficina mientras hablas por teléfono.

Mientras viajas

+ Da un paseo en la terminal mientras esperas el vuelo (¡y no utilices las bandas de transportación!).
+ Haz abdominales, lagartijas o ejercicios de estiramiento en la habitación del hotel. Levántate un poco más temprano y da un paseo en la zona aledaña o en el hotel.

Enfoque del especialista:

Stephen L. Kopecky, M.D., es un especialista en enfermedad cardio-vascular en la Clínica Mayo.

Intenta el entrenamiento a intervalos durante un par de días a la semana. En el periodo de entrenamiento, esfuérzate hasta mantener una intensidad mayor durante un periodo breve –sólo 30 segundos para empezar–. ¡Puede resultar un reto, pero es rápido! Vuelve al punto de inicio y recupera la respiración, y hazlo de nuevo. Al tiempo que adquieres una mejor condición física, los intervalos de reposo se volverán más breves, y tú serás capaz de entrenar durante un periodo más largo.

+ Calienta antes de hacer cualquier tipo de ejercicio, por medio de una caminata sencilla. Permite un periodo para la recuperación. Muchas personas caen en los "terribles demasiados" al inicio –demasiada cantidad, demasiado intenso, demasiado rápido, demasiado pronto–, y pronto se dan por vencidos. Planea un tiempo para descansar entre las sesiones de actividad.

+ Escucha tu cuerpo. Si sientes dolor, disnea, latido cardiaco agitado o rápido, mareo o náusea, debes suspender el ejercicio. Si los síntomas persisten o se intensifican, llama al médico. Si no te sientes bien es necesario tomar el día libre –pero vuelve a ejercitarte tan pronto como sea posible–.

3 **Agrega intervalos.** Considera probar una técnica que los atletas utilizan con frecuencia para mejorar su desempeño. El entrenamiento a intervalos implica alternar periodos cortos de actividad de mayor intensidad con periodos de actividad de menor intensidad.

El entrenamiento a intervalos no sólo mejora a la resistencia –lo que permite ejercitarte durante periodos más largos– sino también incrementa el número de calorías que quemas durante el ejercicio. Al parecer también tiene un efecto positivo al facilitar la disminución del colesterol de las lipoproteínas de baja densidad ("malas") y elevar el colesterol de las lipoproteínas de alta densidad ("buenas"). Un beneficio adicional que deriva del entrenamiento a intervalos es el cambio de la rutina, que agrega variedad y reduce el tedio.

+ Si caminar es el ejercicio que prefieres, es posible agregar un entrenamiento a intervalos al comenzar con una caminata, luego correr o trotar durante algunos minutos, y luego volver a caminar. Si tienes menos condición física, es posible alternar la caminata a paso relajado con algunos minutos de caminata rápida. Si eres nadador, debes tratar de alternar un par de vueltas rápidas con vueltas más lentas. La intensidad y la duración de cada intervalo dependen de cómo te sientas y cuáles sean tus objetivos.

+ Si presentas alguna afección de salud crónica o no has practicado el ejercicio con regularidad, debes consultar al médico antes de intentar un entrenamiento a intervalos. También debes tener en mente que el exceso conlleva el riesgo de una lesión. Al inicio, sólo deben intentarse uno o dos intervalos de intensidad mayor durante cada periodo de entrenamiento. Si piensas que el esfuerzo es excesivo, debes reducir la intensidad.

+ Al tiempo que mejora tu resistencia, tu desafío será variar la velocidad. Es posible que te sorprendas con los resultados.

Un entrenamiento a intervalos

Una vez que logras ejercitarte a una intensidad moderada durante 30 minutos, es posible comenzar a agregar un entrenamiento a intervalos.

Comienza al alternar 1 o 2 minutos de actividad moderada (como la caminata rápida) con 30 segundos de actividad intensa (como correr). Incluye sólo uno o dos intervalos de intensidad mayor en cada sesión.

Aquí se muestra un ejemplo de un entrenamiento de 30 minutos con intervalos.

+ **Calentamiento: 5 minutos**
+ **Actividad moderada: 2 minutos**
+ **Actividad intensa: 30 segundos**
+ **Actividad moderada: 2 minutos**
+ **Actividad intensa: 30 segundos**
+ **Actividad moderada: 15 minutos**
+ **Enfriamiento: 5 minutos**

En las 2 a 4 semanas posteriores, dos o tres veces a la semana, aumenta hasta tres a cinco intervalos de intensidad mayor por sesión (en días que no sean consecutivos). Considera incrementar de forma gradual la duración de los intervalos de intensidad mayor hasta alcanzar 1 a 2 minutos para cada uno.

4 **Incrementa la fuerza.** El acondicionamiento muscular es otro componente clave de un programa de ejercitación. El entrenamiento de fuerza por lo menos dos veces por semana puede ayudarte a incrementar la fuerza ósea y muscular, y te reduce el riesgo de lesión durante la actividad. Con el entrenamiento de fuerza que practicas con regularidad es posible reducir la grasa corporal, incrementar la masa muscular magra y quemar calorías de manera más eficiente.

No es necesario que inviertas 1 hora o más cada día en levantar pesas para obtener beneficios con el entrenamiento de fuerza. Dos a tres sesiones por semana que duren tan sólo 20 a 30 minutos son suficientes para la mayor parte de la gente. Es posible que disfrutes una mejoría notable de la fuerza y la resistencia en tan sólo unas cuantas semanas.

+ Comienza con lentitud. Calienta durante 5 a 10 minutos de estiramiento o actividad aeróbica ligera, como la caminata rápida. Luego, elige un nivel de peso o resistencia suficiente para generar cansancio a los músculos después de cerca de 12 repeticiones.

+ La mayor parte de los gimnasios ofrecen aparatos para resistencia y levantamiento libre de peso. Sin embargo, no es necesario que inviertas en una membresía o en equipo costoso para conseguir los beneficios del entrenamiento de fuerza. Las

mancuernas o las pesas hechas en casa −como las botellas plásticas de refresco llenas con agua o arena− pueden tener la misma utilidad. Las bandas elásticas para resistencia son otra opción económica. También cuenta el peso de tu propio cuerpo. Prueba con lagartijas, abdominales y sentadillas.

+ Para dar a tus músculos tiempo para recuperarse, descansa un día completo entre la ejercitación de cada grupo muscular específico. Cuando te sea posible realizar más de 15 repeticiones de cierto ejercicio con facilidad, incrementa de manera gradual el peso o la resistencia.

+ Recuerda que es necesario detenerte si sientes dolor. Si bien el dolor muscular leve es normal, el dolor intenso y el malestar o la inflamación en las articulaciones son signos de exceso.

5 **Elige lo que disfrutas.** Existe la posibilidad de que tan sólo saber que la actividad física es vital para tener buena salud no te genere motivación para practicar ejercicio. De igual forma, existe un tema recurrente que acompaña a los pensamientos sobre el ejercicio. −"No siento deseos de hacer ejercicio justo ahora. Quizá lo haga después−."

El truco es encontrar lo que te induce a moverte. ¿Qué intereses tienes? ¿Qué te resulta divertido? Es importante asegurarte de que el entrenamiento incluya elementos que disfrutes.

+ Algunas personas gustan de ejercitarse a solas, mientras que otras disfrutan de la actividad grupal. Debes elegir una variante de ejercicio que se ajuste a tu preferencia personal. Si disfrutas la posibilidad de pasar tiempo con tus amigos y tu familia, puedes intentar con un club de baile, un grupo de excursionismo o liga de golf, o la inscripción a un equipo de softbol, futbol o voleibol.

+ Debes recompensarte por tus pequeños alcances. Si amas la música, es posible premiarte al descargar una canción nueva después de cada sesión de ejercicio. Puedes darte tiempo adicional de relajación durante los fines de semana si te es posible inserta periodos de descanso cortos para ejercicio en los días laborales.

+ Enfócate en la sensación agradable que hay mientras practicas ejercicio. Quizá esto derive de un sentido de orgullo o de logro, o de un refuerzo del estado de ánimo.

+ Disfruta los exteriores. Si amas el aire fresco y la naturaleza, es posible salir y practicar actividades. Puedes valorar distintos parques para caminar o andar en bicicleta. Puedes probar el remo en kayak o el clásico, o nadar en la playa.

Una visión nueva

Algunas de las sugerencias que se incluyen en este capítulo para tener más actividad pueden diferir de las que se han escuchado a lo largo de los años. Sí, es grandioso tener tanta actividad física como sea posible, de tal manera que si te entrenas de manera regular, ¡no te detengas, por favor! Pero hay que enfrentarlo –la mayor parte de la gente no se acerca a las guías recomendadas–. Los estilos de vida son tan frenéticos que nunca parecen existir horas suficientes en el día. Esa es la razón por la que en este libro se presentan estrategias simples para introducir la actividad en la rutina cotidiana.

Incluso si practicas ejercicio con constancia, es necesario asegurarte de mantener la actividad durante todo el día. Puedes tratar de agregar un entrenamiento a intervalos para incrementar el acondicionamiento cardiovascular y quemar más grasa. Es necesario asegurarte de practicar el entrenamiento de fuerza no sólo para mejorar tu aspecto físico, sino también para prevenir las lesiones y la osteoporosis. Esto te permitirá disfrutar de un estilo de vida activo en los años por venir.

¡Conviértelo en una caminata en el parque!

¿Pretendes integrarte a un programa de caminata con regularidad? Este programa de 12 semanas generado por el National Heart, Lung, and Blood Institute puede ponerte en el camino para una salud mejor. Antes de iniciar este plan de caminata, platícalo con tu médico si has sido sedentario durante un periodo largo o en caso de presentar problemas de salud graves.

Al inicio, sólo debes caminar hasta la distancia o a la velocidad que percibas como confortables. Si tan sólo te es posible caminar durante algunos minutos, debes permitirte que éste sea el punto de inicio. Por ejemplo, puedes intentar varias sesiones diarias cortas y comenzar a mejorar a partir de ellas. Avanza de forma gradual hasta conseguir de 30 a 60 minutos de caminata la mayor parte de los días de la semana. Al pasar el tiempo, intenta alcanzar un total de por lo menos 150 minutos de actividad aeróbica moderada o 75 minutos de actividad aeróbica intensa por semana. Debes asegurarte el uso de calzado cómodo con un soporte apropiado para el arco y con suela firme. También debes vestirte con ropa holgada y cómoda, y llevar varias prendas sobrepuestas si es necesario adaptarte a temperaturas cambiantes.

Programa de caminata de 12 semanas

Semana	Calentamiento (caminata lenta)	Caminata rápida	Enfriamiento (caminata lenta)
1	5 minutos	5 minutos	5 minutos
2	5 minutos	7 minutos	5 minutos
3	5 minutos	9 minutos	5 minutos
4	5 minutos	11 minutos	5 minutos
5	5 minutos	13 minutos	5 minutos
6	5 minutos	15 minutos	5 minutos
7	5 minutos	18 minutos	5 minutos
8	5 minutos	20 minutos	5 minutos
9	5 minutos	23 minutos	5 minutos
10	5 minutos	26 minutos	5 minutos
11	5 minutos	28 minutos	5 minutos
12	5 minutos	30 minutos	5 minutos

Fuente: U.S. Department of Health and Human Services, 2006

Encuentra una ruta para caminar

A muchas personas les gusta de tener una ruta planeada en mente cuando salen a dar una caminata. De esa manera, pueden calibrar la distancia a la que viajan o cuánta energía consumen, al tiempo que se sienten convencidas de que los caminos son seguros y de que no se perderán. Tal vez tú prefieras un camino circular o un camino de ida y vuelta por el cual regresas por la misma vía por la que inicias. Si careces de condición física, comienza con una ruta de 15 minutos, pero trata de caminar hasta alcanzar 30 minutos. Aquí se mencionan otras guías a seguir:

+ Planea una ruta cercana y accesible. De ser posible, trata de evitar moverte distancias largas para ejercitarte. Poder comenzar la caminata al salir de la puerta de tu casa es tanto conveniente como motivador. Recurre a las tiendas, las zonas del centro de la ciudad o los espacios públicos como destinos.

+ Convierte tu seguridad personal en prioridad. Trata de caminar en el día o en áreas bien iluminadas. Lleva contigo un teléfono celular o un silbato. Toma nota de los puntos que pasas en el camino y que pueden resultar útiles, como los baños públicos, las bancas para reposar, los sitios para resguardarte del sol o la lluvia, y las tiendas que venden agua.

+ Elige una ruta variada. Hazla interesante pero no incluyas demasiadas paradas, vueltas e intersecciones concurridas. Obtendrás un beneficio mayor con un paso sostenido y constante. Observa los sitios en que existen banquetas irregulares, inclinaciones, grava suelta o caminos de tierra. Las colinas pueden agregar intensidad a la caminata, pero inclúyelas al inicio, mientras aún estás fresco, más que al final de la caminata.

CAPÍTULO 5

DUERME BIEN

Tú inviertes alrededor de una tercera parte de la vida en dormir por estas razones: ayuda a mantener una salud física y mental adecuada, reduce el estrés y recupera la energía del organismo. Sin embargo, para muchas personas conseguir una buena noche de sueño es algo inalcanzable.

 VERDADERO O FALSO

Dormir suficiente puede ayudar a perder peso.
- Verdadero
- Falso

Verdadero. La carencia de sueño favorece la ganancia ponderal al estimular el apetito y privar al organismo de un sueño de calidad que puede ayudar a degradar la grasa.

¿Tratas de alcanzar de manera constante el botón de pausa en tu despertador? ¿Se te dificulta salir de la cama en la mañana? No eres el único. Nuestra sociedad obliga a un estilo de vida ajetreado a expensas del sueño. En una encuesta reciente, alrededor de dos terceras partes de los estadounidenses refirieron sentir que sus necesidades de sueño no se encontraban cubiertas. Por desgracia, la carencia de sueño llega con un alto precio para tu salud.

De acuerdo con los Centers for Disease Control and Prevention (CDC), la deprivación de sueño es ya una epidemia de salud pública a nivel nacional. La falta de sueño crónica compromete tu capacidad de atención, coordinación y tiempo de reacción. También aumenta tus riesgos de obesidad, hipertensión, infarto de miocardio, diabetes y depresión. La somnolencia es una causa en extremo frecuente de accidentes y mortalidad en el sitio de trabajo y en las carreteras.

Para dormir lo suficiente es necesario ceder en algo. Considera reducir el tiempo que dedicas a trabajar, ver la TV o a la computadora, y disfruta de la dichosa relajación de una buena noche de sueño.

¡Sí puedo!

Construiré cada paso del *Plan de la Clínica Mayo para un corazón saludable* semana a semana con estos objetivos simples:

+ Establecer una hora para ir a la cama y respetarla toda la semana, lo que incluye al fin de semana. Si no te es posible dormir todo el tiempo que deseas, ve a la cama más temprano.

+ Identificar actividades relajantes para practicar al llegar la noche –hacer una lectura ligera, escuchar música, tomar un baño–, y hacerlas parte de la rutina para irte a acostar.

+ Apagar todos los aparatos electrónicos 1 hora antes de acostarte cada noche.

5 claves para dormir y para la salud cardiaca

Utiliza estas metas básicas para mejorar tu sueño y salud cardiaca.

1 **Persigue una calidad del sueño constante cada noche.** Incluso si percibes que te es posible un buen desempeño con poco sueño, tu necesidad biológica que tienes del mismo no se modifica. Es un hecho que la mayor parte de los adultos necesita entre 7 y 9 horas de sueño cada noche si quieres sentirte renovado y conservar una buena salud.

La cantidad de sueño que tú requieres depende en gran medida de la herencia, y varía a lo largo de la vida. Los adolescentes están programados para dormir más tiempo y mantenerse despiertos hasta más tarde, en tanto los adultos mayores suelen desarrollar justo el patrón opuesto.

Durante la mayor parte de la vida adulta, los requerimientos de sueño son bastante constantes y no algo que sea posible controlar. Menos del 3% de los adultos tiene un desempeño adecuado con menos de 6 horas de sueño.

La calidad de sueño es tan importante como la cantidad de horas que duermes. Es posible permanecer en la cama durante 8 horas y aún así sentirte somnoliento al día siguiente si el sueño se interrumpe con frecuencia durante la noche. Cuando duermes bien, te despiertas con una sensación de frescura, alerta y de capacidad de realizar las actividades cotidianas sin sentirte cansado o quedarte dormido.

Para facilitar la obtención de un sueño de calidad suficiente cada noche es necesario:

+ **Conocer tus patrones de sueño.** Llevar un diario durante alrededor

Descubre tu "número mágico"

Tu "número mágico" es el número de horas que duermes cada noche y te permiten despertar en la mañana sin que suene el reloj despertador y con una sensación refrescante. También revela la cantidad de sueño que debes obtener con regularidad. De manera idónea, cada persona debe determinar su "número mágico" mientras no tengas responsabilidades, como cuando vacacionas –pero esto no siempre resulta práctico–. Puedes probar esta estrategia: determina la hora a la que necesitas levantarte en la mañana y ve a la cama 7 u 8 horas antes. Trata de despertar de manera espontánea sin un reloj de alarma. Sigue acostándote 15 a 30 minutos antes hasta que te sea posible despertar sin que haya sonado la alarma.

7:42

de 10 días te ayuda a entender los hábitos de sueño personales. Debes observar el horario en que te vas a la cama, te despiertas, te sales de la cama, tomas siestas y haces ejercicio. También debes dar seguimiento a tu consumo de alcohol y cafeína.

+ **Seguir un horario de sueño.** Trata de irte a la cama casi a la misma hora cada noche y trata de levantarte a la misma hora cada mañana.

+ **Manten el mismo horario durante los fines de semana.** Es mejor si tu reloj biológico sigue un horario constante. De cualquier forma, no es posible dormir los sábados lo suficiente para reponer tu "deuda de sueño". Y cambiar tu horario el fin de semana dificulta aún más retomar la costumbre.

+ **Conoce el "número mágico"** (véase la página 64). Es posible que no puedas cubrir ese número cada noche, pero se trata de un objetivo que debes perseguir

2 **Ten un sueño adecuado para facilitar la pérdida de peso.**
Si no duermes lo suficiente, tendrás mayor tendencia a ganar peso. La falta de sueño estimula al organismo para producir hormonas que causan hambre, y el organismo produce una cantidad menor de las sustancias que degradan la grasa. Debido al cansancio también existe menor actividad. Esta es una receta segura para tener problemas con tu peso. Asegurarte de obtener una cantidad adecuada de sueño te puede

Somnolencia problema

Es posible que no reconozcas el problema, pero la somnolencia está interfiriendo tu vida cotidiana si:

+ Haces esfuerzos por mantenerte despierto mientras estás inactivo

+ Sientes somnolencia cada vez que conduces un automóvil

+ Sufres problemas de concentración y atención

+ Tienes dificultad para controlar las emociones y desarrollas irritabilidad con frecuencia

+ Tienes respuestas lentas y problemas de memoria

+ Ansías dormir y percibes fatiga la mayor parte de los días

ayudar a corregir muchos de estos problemas.

3 **Establece una rutina constante para la hora de acostarte.** Una rutina relajante justo antes de la hora de dormir te ayuda a hacer a un lado el estrés, la excitación y el paso agitado de la vida cotidiana. Si sigues esta práctica con regularidad comenzarás a asociar la conducta de reposo con el sueño.

Enfoque del especialista:

Virend Somers, M.D., Ph.D., es un experto en sueño y sistema cardio-vascular en la Clínica Mayo.

No puedes dormir más de lo que necesitas. Si te estás durmiendo es porque tu cuerpo necesita dormir. Así es que no te sabotees. El sueño es una necesidad, al igual que la comida y el agua. No es un lujo.

+ **Tranquiliza la mente.** Elimina los pensamientos negativos de tu cabeza. Trata de enfrentar las preocupaciones a una hora más temprana en el día (incluso mejor: ¡preocúpate menos!). Lee un libro relajante o una revista, toma un baño caliente, escucha música o reflexiona sobre las cosas buenas que te ocurrieron durante el día.

+ **Crea un ambiente silencioso, oscuro y fresco para dormir.** Bloquea o reduce el ruido exterior. Apaga toda la luz ambiental en tu recámara, lo que incluye los focos tipo led. La temperatura de la habitación debe ser más bien fresca.

+ **Apaga los aparatos electrónicos.** Este tiempo debes reservarlo para ti mismo, y no ser un periodo para más estrés y distracciones.

+ **No ingieras una cena abundante justo antes de ir a la cama.** Una colación ligera suele estar bien, pues el estómago lleno o un alimento pesado muy condimentado puede generar malestar durante la noche.

+ **Limita la actividad extenuante al entrar la noche.** El ejercicio diurno que se practica con regularidad favorece el sueño, pero el entrenamiento extenuante a la misma hora tiene el efecto opuesto en algunos individuos, lo que dificulta aún más que concilien el sueño. Las relaciones sexuales constituyen una excepción a la regla, puesto que la intimidad ayuda a promover el sueño.

+ **Resiste a la urgencia de tomar siestas a horas avanzadas del día.** Tomar una siesta al mediodía es apropiado en tanto no afecte el sueño por la noche, pero debes evitar tomar siestas después de las 3 p.m. Por lo general, las siestas sólo deben durar entre 10 y 30 minutos.

4 **Sé cauteloso con la cafeína y el alcohol.** Evita el café, el té y otras fuentes de cafeína por la tarde y al comenzar la noche. La cafeína es un estimulante que bloquea los químicos que inducen el sueño en el cerebro. El alcohol puede ayudar a conciliar el sueño, pero interfiere con el sueño profundo y puede generar un despertar temprano. Evita el consumo de alcohol al menos 3 horas antes de ir a la cama.

5 **Asegúrate de no padecer un trastorno del sueño.** Hasta la mitad de la gente con insuficiencia cardiaca puede tener alguna variante de apnea del sueño (véase página 68). Este trastorno del sueño es muy común en personas con presión arterial elevada, enfermedad arterial coronaria y fibrilación auricular.

¿Cómo sabes si presentas algún trastorno del sueño? Consulta al médico si:

▸ Roncas muy fuerte o de forma tal que interrumpe tu sueño.
▸ Percibes somnolencia con frecuencia durante el día.
▸ Despiertas con frecuencia varias veces durante la noche, lo que incluye levantarte para orinar.
▸ Tu compañero de cama identifica pausas en tu respiración o te observa dejar de respirar durante el sueño.

Sueño, obesidad y cardiopatía

Los trastornos del sueño, la obesidad y la cardiopatía suelen constituir un triángulo problemático, dice Virend Somers, M.D., un cardiólogo de la Clínica Mayo. "Una condición conduce a la otra, misma que conduce a la otra, que a su vez conduce a la otra, con gran interacción entre ellas".

La obesidad es una causa importante de apnea del sueño y muchas personas obesas presentan esta última. Las dos condiciones incrementan el riesgo de enfermedad cardiovascular. Los tres lados del triángulo están vinculados con trastornos metabólicos similares, como la diabetes, que por sí misma conlleva un riesgo elevado de cardiopatía.

¿Y el lado positivo? La pérdida de peso puede mejorar las tres condiciones.

- Despiertas con frecuencia con dolor de cabeza, boca seca o dolor de garganta.
- Si presentas hipertensión arterial o insuficiencia cardiaca que no mejora con el tratamiento.

Las personas con cardiopatía deben ser en particular cuidadosas en relación con la apnea del sueño no tratada, que incrementa el riesgo de muerte en quienes presentan enfermedad arterial coronaria e insuficiencia cardiaca.

Si te han diagnosticado apnea del sueño, un especialista del sueño te puede proporcionar las opciones de tratamiento. Para casos leves, quizá sólo necesitas dormir de costado y no sobre tu espalda. La pérdida de peso es muy importante para la mayoría de las personas. Evita tomar sedantes, esto incluye el alcohol, ya que provocan que la vía aérea se colapse durante el sueño. Muchas personas usan presión positiva continua de la vía aérea (CPAP, por sus siglas en inglés) para manejar la apnea del sueño. Esto consiste en bombear aire a presión a través de una mascarilla en la nariz y en la garganta para mantener las vías respiratorias abiertas.

Algunas personas que tienen una forma leve de la apnea del sueño o que

Apnea del sueño

La apnea obstructiva del sueño es la variante más frecuente de apnea del sueño. Se presenta cuando los tejidos blandos en la parte posterior de la garganta se desplazan hacia abajo al tiempo que se duerme, lo que bloquea el flujo de aire a través de la tráquea por entre 10 segundos y hasta 1 minuto. La persona despierta de forma parcial y el flujo de aire se reestablece, por lo general con un jadeo intenso o ronquido. El ciclo puede repetirse cientos de veces durante la noche.

La apnea del sueño de origen central –que ocurre cuando el cerebro envía señales inapropiadas a los músculos de la faringe– es mucho menos frecuente que la apnea obstructiva del sueño. Sin embargo, hasta 40% de las personas con insuficiencia cardiaca puede padecer apnea del sueño de origen central.

quizá no toleran la mascarilla CPAP, pueden utilizar un dispositivo bucal parecido a un paladar de ortodoncia para ayudar a mantener el conducto de la vía aérea abierto.

Lleva un diario de sueño

Un diario de sueño es un registro escrito de la cantidad y la calidad del sueño de cada noche. El diario puede ayudar a identificar factores que te trastornan el sueño, ya sea que esto derive de comer demasiado a una hora muy avanzada de la noche o de no ser capaz de liberar el estrés cotidiano. Tú y tu médico pueden encontrar que el diario resulta útil si estás enfrentando condiciones como deprivación de sueño, insomnio, ronquidos y apnea del sueño.

Es posible organizar el diario en la forma que lo prefieras. De manera característica le das seguimiento a tus hábitos de sueño durante por lo menos 1 o 2 semanas. Cada día debes registrar:

+ La hora de irte a la cama por la noche
+ La hora de despertarte por la mañana
+ Si te despiertas durante la noche

Además, debes calificar la calidad del sueño en una escala de 1 (mala) a 5 (magnífica). Gran parte de la calificación se basa en la sensación de frescura o cansancio que sientes en la mañana. Otra información que es posible que incluyas es:

+ Hora de la cena
+ Colaciones antes de la hora de acostarse
+ Actividades antes de la hora de acostarse
+ Nivel de estrés al llegar la noche
+ Uso de medicamentos
+ Consumo de alcohol o cafeína
+ Uso de aparatos electrónicos

CAPÍTULO 6

HAZ FRENTE AL TABACO Y AL PESO

Estos dos factores son los elefantes en la habitación. Los dos son grandes riesgos de salud, pero nadie desea enfrentarse a ellos. Pueden bloquear el camino para tu salud cardiaca. Si consumes tabaco o si padeces sobrepeso, atender cualquiera de estos factores se convierte en una prioridad.

 VERDADERO O FALSO

Un índice de masa corporal (IMC) saludable tiene un valor de 32.
- Verdadero
- Falso

Falso. Un IMC mayor de 30 revela obesidad, un factor de riesgo importante para la cardiopatía.

Una pregunta que te puede venir a la mente al tiempo que lees este capítulo es: ¿Por qué dos temas tan importantes como el consumo de tabaco y la pérdida de peso se analizan juntos?

De manera primordial debido a que el conocimiento que se requiere para saber cómo dejar el tabaquismo o perder peso es tan amplio que no es posible presentarlo a detalle en este libro. Es posible que obtengas gran cantidad de información práctica, herramientas y respaldo para abatir cualquiera de estos problemas por medio de muchas agencias gubernamentales, organizaciones profesionales e instituciones médicas.

Los objetivos principales de este capítulo son generarte conciencia sobre el impacto que tienen el tabaco y el peso sobre tu salud, y dirigirte hacia los recursos que pueden ayudarte para comenzar a atender el problema.

A diferencia de otros pasos para lograr un corazón saludable, como la dieta, el ejercicio y el sueño, dejar de fumar y perder peso no son elementos que atañan a toda la población –no todas las personas son fumadoras y no todas necesitan perder peso–. Así, este capítulo podría no ser tan importante para ti como otros capítulos. Por otro lado, si tú en realidad fumas tabaco o luchas con tu peso, este capítulo tiene gran relevancia.

¡Sí puedo!

Construiré cada paso del *Plan de la Clínica Mayo para un corazón saludable* semana a semana con estos objetivos simples:

+ Escribir tres razones por las cuales se desea abandonar el tabaquismo o perder peso. Elegir las razones personales –no algo que alguien más desea para mí–.

+ Listar a tres miembros de la familia o amigos que estén dispuestos a apoyar al tiempo que trato de abandonar el tabaquismo o perder peso.

+ Seleccionar una fecha de inicio para abandonar el tabaquismo o bajar de peso.

El tabaco y la salud cardiaca

El consumo de cigarrillos es la principal causa prevenible de muerte y enfermedad. Millones de personas desarrollan afecciones letales o debilitantes, entre otras la cardiopatía, debido a que fuman o fumaron en el pasado. El tabaquismo daña varios órganos y tejidos, y puede generar agravamiento de condiciones crónicas como el asma. En resumen, el tabaco afecta cada uno de los aspectos de tu salud.

El consumo de tabaco tiene un efecto potente sobre el sistema cardiovascular. El tabaquismo estrecha tus vasos sanguíneos, eleva la presión arterial e incrementa el riesgo de desarrollar coágulos sanguíneos. Cualquier tipo de consumo de tabaco –lo que incluye al que no genera humo– aumenta el riesgo de infarto de miocardio y evento vascular cerebral. Incluso el "tabaquismo social", con uno o dos cigarrillos por día, intensifica la probabilidad de que se presente cardiopatía. La exposición al humo de segunda mano aumenta 25% o más tu riesgo de cardiopatía.

La buena noticia es que dejar el tabaco trae consigo beneficios inmediatos. En el transcurso de 20 minutos de fumar ese último cigarrillo, tu frecuencia cardiaca disminuye. En el transcurso de 1 año, tu riesgo de infarto de miocardio disminuye a la mitad. En el transcurso de 2 a 3 años, tu riesgo es el mismo que el de una persona que no fuma.

Recursos para abandonar el tabaquismo

Puede llamarse a algún número de ayuda local para identificar lo que resulta más apropiado para cada persona. Estos recursos en internet también pueden ser de utilidad en México:

American Cancer Society
www.cancer.org

American Heart Association
www.heart.org

American Lung Associationr
www.lungsa.orgl

Clínica de ayuda para dejar de fumar
www.iner.salud.gob.mx/contenidos/
clinica_dejar_fumar.html

Clínica contra el tabaquismo de la Facultad de Medicina
www.facmed.unam.mx/deptos/farmacologia/
cct/tratamientos/principal.htm

Clínica de tabaquismo Hospital General de México
www.hgm.salud.gob.mx/interior/mapa_sitio.
html

INER
www.quierodejardefumar.mx

¿Cómo dejar de fumar?

Tú puedes comenzar al elegir el día que abandonarás el hábito. Elige un día en el transcurso de las 2 semanas siguientes, de tal manera que tengas tiempo para alistarte, pero no tanto tiempo que pierdas la motivación. Puedes solicitar ayuda al médico para integrar un plan para dejar el tabaquismo y para obtener el medicamento más apropiado. Debes buscar el apoyo de tu familia y amigos.

Muchas personas encuentran que un enfoque de dos vías es la opción más efectiva para abandonar el consumo de tabaco: combinar los medicamentos para suspender el tabaquismo con el apoyo de un especialista en tratamiento del tabaquismo o un asesor conductual. También puede resultar beneficioso un programa terapéutico respaldado por un hospital, un plan de atención de la salud o a través del Plan corporativo de salud.

La asesoría te ayuda a desarrollar habilidades para la vida que te permitan romper el ciclo de adicción y permanecer alejado del tabaco a largo plazo.

Los productos para dejar de fumar ayudan a aliviar los síntomas de abstinencia de la nicotina. Los medicamentos incluyen parches de nicotina sin receta de prescripción médica, goma de mascar y pastillas, así como también la prescripción médica

Enfoque del especialista:

Richard D. Hurt, M.D., es un experto en el cese del tabaquismo en la Clínica Mayo.

Dejar de fumar es un proceso que no ocurre en un solo momento. Debe iniciarse con periodos de tiempo manejables, y trabajar hasta alcanzar un día entero sin fumar. Luego se incrementan un día a la vez. No debes intentarlo en solitario —existen muchos recursos que te pueden ayudar—.

de rocío nasal, inhaladores y píldoras. Los tratamientos médicos ayudan a controlar la ansiedad de consumir nicotina y reducen los efectos agradables de fumar.

El peso y la salud cardiaca

A lo largo de los últimos 30 años, las tasas de obesidad se dispararon en todo el mundo. Más de dos terceras partes de los adultos estadounidenses presentan en la actualidad sobrepeso u obesidad, al igual que casi una tercera parte de los niños. Las causas de esta epidemia son claras –la gente come más y es menos activa–.

Los estudios demuestran que las personas consumen muchas más calorías en la actualidad en comparación con lo que se comía hace 40 años. Eso incluye una mayor cantidad de refrescos, bocadillos entre comidas, comidas rápidas y dulces.

Dicho de manera simple, un peso saludable implica que se cuenta con la cantidad adecuada de grasa corporal en proporción a la masa corporal general –sin embargo, también deben tomarse en consideración factores tales como la talla, la edad, el sexo, la densidad ósea y la masa muscular–. Se trata de un peso que te permite tener una sensación de energía, impide el envejecimiento prematuro y mejora tu calidad de vida.

Recursos para perder peso

Algunas personas prefieren perder peso por sí mismas. Otras se benefician del impulso de un grupo de apoyo o de un programa formal. De manera independiente a lo que se prefiera, existen recursos disponibles para todos. Busca opciones que te enseñen la forma de hacer cambios positivos en la vida, que impulsen objetivos realistas y te generen un vínculo con profesionales calificados. *La dieta de la Clínica Mayo*, un libro de la Clínica Mayo escrito por expertos en reducción de peso, te puede ayudar para el inicio. También puedes verificar estos recursos en línea:

Instituto Nacional de Cardiología Ignacio Chávez
www.cardiologia.org.mx

Instituto Cardiovascular de Hospitales Ángeles
www.hospitalesangeles.com/institutocardio
vascular

Sociedad Mexicana de Cardiología
www.smcardiologia.org.mx

Dietary Guidelines for Americans
www.health.gov/dietaryguidelines

Instituto Cardiovascular de Guadalajara
http://icg-mex.com/

Instituto Nacional de Ciencias Médicas y Nutrición Salvador Zubirán
www.innsz.mx

Centers for Disease Control and Prevention
www.cdc.gov/healthyweight

Presentar sobrepeso u obesidad incrementa tu riesgo de cardiopatía y de las condiciones que conducen a ella, entre otras hipertensión arterial, aumento del colesterol y los triglicéridos en la sangre, diabetes y apnea del sueño. La obesidad también te pone en riesgo de desarrollar otras afecciones crónicas de salud, como asma y artritis, y también algunos tipos de cáncer.

La pérdida de peso reduce o revierte muchos de estos riesgos. Si tuviste éxito con el plan Come 5, Muévete 10, Duerme 8 de este libro, es un hecho que estás en el camino para lograr un peso saludable. No requieres demasiado –tan sólo la pérdida de 5 a 10% del peso actual puede reducir tu riesgo de cardiopatía.

¿Qué ocurre si necesitas perder peso?

¿Cómo sabes si el peso genera un riesgo para tu salud? Puedes verificar el cuadro de índice de masa corporal (IMC) en la página 77. Por lo general, si la cifra de tu IMC es de 24.9 o menos, es probable que el peso corporal sea el adecuado. Si tu número de IMC es 25 o mayor, es probable que tengas sobrepeso u obesidad y podrías beneficiarte con la pérdida de peso. Consulta a tu médico acerca de tu IMC, objetivos de peso y las medidas apropiadas que puedes tomar para conseguirlos.

Enfoque del especialista:

Donald D. Hensrud, M.D., es un experto en nutrición y medicina preventiva en la Clínica Mayo.

Gran parte de tu éxito para la pérdida de peso reside en la planeación. No te preocupes mucho en un objetivo a largo plazo de perder 18 kg (40 lb) –eso no ocurrirá si no tienes un plan–. Tratar de bajar 18 kg (40 lb) sin un plan apropiado para pérdida de peso es como tratar de hacer un millón de dólares sin un buen plan financiero. En vez de esto, concéntrate en la pérdida de medio kilogramo cada vez. Muchas personas también descubren que se sienten mejor cuando pierden peso y se encuentran más activas.

La Pirámide de peso saludable de la Clínica Mayo

Si buscas una estrategia fresca para la pérdida de peso, la Pirámide de peso saludable de la Clínica Mayo es la respuesta

La base de la pirámide hace referencia a cantidades generales de alimentos que contienen un número bajo de calorías en un gran volumen, en particular las frutas y las verduras saludables. Al tiempo que las categorías de la pirámide se vuelven más angostas, se eligen cantidades menores del alimento, lo que incluye a los granos integrales, la proteína magra y los productos lácteos, las grasas saludables, e incluso los dulces.

Frutas y verduras. Las frutas y verduras son fuentes magníficas de fibra, vitaminas, minerales y otros fitoquímicos. No contienen colesterol, tienen bajo contenido en grasas y sodio, y con alto contenido en minerales esenciales como el potasio y magnesio.

Carbohidratos. Los carbohidratos, que son las principales fuentes de energía para el organismo, derivan de los productos de granos, como el pan, los cereales y las pastas, y ciertas verduras que contienen almidón, como las papas y el elote.

Proteínas y productos lácteos. Entre los alimentos con alto contenido en proteínas y más bien con bajo contenido en grasas se encuentran los frijoles y chícharos (legumbres), el pescado, la carne de ave sin piel y la carne roja magra. La leche, el yogur y el queso con bajo contenido en grasas o descremados tienen el mismo valor nutricional que las distintas variedades de leche entera, pero sin sus grasas y calorías.

Grasas. Difícil como te resulte creerlo, requieres cierta cantidad de grasa en tu dieta. No obstante, no todos los tipos de grasa son iguales. Busca los aceites vegetales líquidos, como el de oliva y canola, más que la mantequilla y la margarina. A pesar de esto, todas las grasas deben utilizarse con medida, incluyendo a las saludables.

Dulces. Los alimentos que se incluyen en el grupo de los dulces constituyen una fuente con alto contenido en calorías, en su mayoría derivadas del azúcar y las grasas. Ofrecen poco desde la perspectiva de la nutrición. No es necesario renunciar a estos alimentos por completo. Sin embargo, es necesario ser inteligente en relación con su selección y el tamaño de las porciones.

Actividad física diaria. La Pirámide de peso saludable de la Clínica Mayo no hace tan sólo referencia a los alimentos. En el centro de la pirámide se ubica un círculo, que reconoce el importante papel que juega la actividad física en la salud y la pérdida de peso.

¿Cuál es tu IMC?

Para determinar tu IMC, localiza tu estatura en la columna de la izquierda. Sigue esa fila a través del cuadro hasta el peso más cercano al tuyo. Busca en la parte superior de esa columna tu IMC aproximado. Usa esta fórmula:

1. Multiplica tu estatura (en metros) por tu estatura (en metros).
2. Divide tu peso (en kilogramos) entre los resultados del primer paso.
3. Por ejemplo, una persona que pesa 123 kg y mide 1.73 m, tiene un IMC de 41.
   Es decir:

$$\frac{123 \text{ kg}}{1.73 \text{ m} \times 1.73 \text{ m}} = \frac{123}{2.9929} = 41.09$$

	Normal		Sobrepeso					Obesidad				
IMC	19	24	25	26	27	28	29	30	35	40	45	50
Estatura (m)					Peso en kilogramos							
1.47	41	51.8	53.6	55.8	58.1	60.3	62.1	64.4	75.2	86	96.8	107.6
1.50	42.3	53.6	55.8	57.6	59.9	62.1	64.4	66.6	77.9	89.1	99.9	111.2
1.52	43.7	55.4	57.6	59.9	62.1	64.4	66.6	68.9	80.6	91.8	103.5	114.8
1.55	45	57.2	59.4	61.7	64.4	66.6	68.9	71.1	83.3	95	107.1	118.8
1.57	46.8	59	61.2	63.9	66.2	68.9	71.1	73.8	86	98.1	110.7	122.9
1.60	48.2	60.8	63.5	65.7	68.4	71.1	73.4	76.1	88.7	101.3	114.3	126.9
1.63	49.5	63	65.3	68	70.7	73.4	76.1	78.3	91.8	104.4	117.9	131
1.65	51.3	64.8	67.5	70.2	72.9	75.6	78.3	81	94.5	108	121.5	135
1.68	53.1	66.6	69.8	72.5	75.2	77.9	80.6	83.7	97.2	111.2	125.1	139.1
1.70	54.5	68.9	71.6	74.7	77.4	80.1	83.3	86	100.4	114.8	129.1	143.6
1.73	56.3	71.1	73.8	77	79.7	82.8	85.5	88.7	103.1	117.9	132.8	147.6
1.75	57.6	72.9	76.1	79.2	81.9	85.1	88.2	91.4	106.2	121.5	136.8	152.1
1.78	59.4	75.2	78.3	81.5	84.6	87.8	90.9	94.1	109.4	125.1	140.9	156.6
1.80	61.2	77.4	80.6	83.7	86.9	90	93.6	96.8	112.5	128.7	144.9	161.1
1.83	63	79.7	82.8	86	89.6	92.7	95.9	99.5	116.1	132.3	149	165.6
1.85	64.8	81.9	85.1	88.7	91.8	95.4	98.6	102.2	119.3	135.9	153	170.1
1.88	66.6	82.8	87.3	90.9	94.5	98.1	101.3	104.9	122.4	140	157.5	175.1
1.90	68.4	86.4	90	93.6	97.2	100.8	104.4	108	125.6	143.6	161.5	179.6
1.93	70.2	88.7	93	95.9	99.5	103.5	107.1	110.7	129.2	147.6	166.1	184.5

Fuente: *National Institutes of Health*, 1998
Nota: asiáticos con IMC de 23 o más pueden tener mayor riesgo de problemas de salud.

CAPÍTULO 7

CONOCE TUS CIFRAS PERSONALES

En los capítulos anteriores el enfoque de *tu Plan de la Clínica Mayo para un corazón saludable* se ubicó en la modificación de tus hábitos de estilo de vida, como la dieta, el ejercicio y el sueño. En este capítulo se te solicita que programes unas cuantas pruebas médicas simples. Los resultados de estas pruebas se denominan de manera conjunta como "tus cifras personales".

? **VERDADERO O FALSO**

Si no presentas hipertensión a los 55 años, tu riesgo de desarrollarla más adelante en la vida se aproxima a 50%.

● Verdadero
● Falso

Falso. El riesgo de desarrollar hipertensión para los adultos de edad intermedia en Estados Unidos es de 90%. Una tercera parte de estas personas no está consciente de su condición.

Sólo necesitas hacer una llamada telefónica a tu proveedor de atención de la salud para programar las pruebas que se requieren para una revisión cardiaca. Es posible que te preguntes: "Si quisiera verificar la salud de mi corazón, ¿qué pruebas me recomendarían?". Tu médico podrá asesorarte.

Las pruebas básicas, entre ellas las que permiten la valoración de la presión arterial y el colesterol en la sangre, son comunes –con frecuencia forman parte del examen médico general . Pero incluso si te han realizado algunas de estas pruebas en el pasado es mejor contar con resultados recientes. Estas cifras te ayudarán a establecer una línea de referencia en cuanto a tu salud existente, y orientar los pasos que puedes tomar a continuación.

Este capítulo resalta el valor de contar con una relación de trabajo apropiada con tu médico. El nivel de confianza y honestidad que desarrolles ayudará a ambos al interpretar los resultados de las pruebas.

Conocer tus cifras personales puede ser particularmente importante si eres mujer. Las mujeres tienen menor probabilidad de ser manejadas por una cardiopatía que los hombres –en parte debido a que la enfermedad cardiaca puede no encontrarse en el radar de muchos médicos, y porque el diagnóstico de ésta en la mujer en ocasiones puede ser más engañosa que en los hombres (véase, por ejemplo, la página 87).

¡Sí puedo!

Construiré cada paso del *Plan de la Clínica Mayo para un corazón saludable* semana a semana con estos objetivos simples:

+ Calcular mi índice de masa corporal (IMC) y medir mi cintura.

+ Anotar mis resultados de las pruebas de presión arterial, colesterol, triglicéridos y glucosa en sangre. Si no he realizado estas pruebas en fecha reciente, programaré una consulta médica para hacerlo.

+ Iniciar un registro o cuadro para dar seguimiento a las cifras, lo que incluye la consulta médica recomendada para seguimiento.

5 cifras para una salud cardiaca mejor

Las cifras que se asocian con las pruebas siguientes pueden ayudarte a identificar tu potencial de presentar cardiopatía: presión arterial, colesterol, triglicéridos, índice de masa corporal y azúcar en sangre (glucemia).

1 Presión arterial. La presión arterial mide la fuerza que ejerce la sangre circulante sobre las paredes de las arterias. Mientras más fuerte bombee el corazón y menos flexibles se vuelvan las paredes arteriales, mayor será la presión arterial.

La presión arterial alta (hipertensión) daña y genera cicatrices en las arterias. Es uno de los principales factores de riesgo para la enfermedad cardiaca. De no tratarse, la hipertensión puede generar un infarto de miocardio, un derrame cerebral o insuficiencia cardiaca.

Cerca de una tercera parte de las personas adultas con hipertensión ni siquiera sabe que la presenta. La mayor parte de las personas no revela signos o síntomas. Los afroamericanos tienen un mayor riesgo de presentar hipertensión arterial que las personas caucásicas.

La única forma para saber si se presenta hipertensión es someterse a pruebas. A partir de los 18 años, revisa tu presión arterial cada 2 años. Es posible iniciar la detección a una edad más temprana si cuentas con factores de riesgo

adicionales. Si ya presentas hipertensión arterial, debes verificar la presión de tu sangre con mayor frecuencia.

La prueba. La presión arterial suele medirse mediante el uso de un manguito inflable para el brazo y un manómetro para medición de la presión (baumanómetro). Una lectura de presión arterial, que se expresa en milímetros de mercurio (mm Hg), cuenta con dos números, que en ocasiones se escriben uno al lado del otro como una fracción:

+ El primer número hace referencia a la presión dentro de las arterias cuando el corazón late (presión sistólica).

+ El segundo número mide la presión en las arterias entre latidos cardiacos (presión diastólica).

El médico suele hacer lecturas en dos o más consultas antes de establecer el diagnóstico de hipertensión arterial. Eso se debe a que la presión arterial varía de un día a otro. Puede modificarse con el ejercicio, el sueño, el estrés, e incluso con los cambios de postura.

2 Colesterol. Tu organismo necesita colesterol –una sustancia cerosa que se encuentra en las grasas (lípidos) y que se transporta en el torrente sanguíneo– para construir células saludables. Sin embargo, demasiado colesterol genera la formación de depósitos grasos en tus vasos sanguíneos. Esto puede conducir al estrechamiento o bloqueo de las arterias (aterosclerosis), una causa importante de cardiopatía. Casi todas las personas con colesterol elevado (hipercolesterolemia) se sienten bien y no experimentan signos o síntomas. Someterse a una prueba y conocer sus resultados es la mejor alternativa para mantener los niveles de colesterol dentro de límites saludables.

La prueba. Una prueba completa de colesterol, que se denomina perfil de lípidos, cuantifica la cantidad de colesterol y triglicéridos en tu sangre (más adelante se habla sobre los triglicéridos). Esta prueba simple que se realiza en sangre determina:

Clasificación de la presión arterial

Primera cifra (sistólica) (en milímetros de mercurio, mm Hg)	Segunda cifra (diastólica)	Categoría
Menor de 120, y	Menor de 80	Normal
120 a 139, o	80 a 89	Prehipertensión
140 y más	90 y más	Hipertensión

Si la presión sistólica es de 115 mm Hg y la diastólica de 78 mm Hg, la presión arterial se registra como 115/78 y se lee como "ciento quince, setenta y ocho" –lo que permite clasificar a la persona en la categoría de presión arterial normal (inferior a 120/80)–. Si las dos cifras caen en distintas categorías, a la persona se le asigna la categoría más alta. Por ejemplo, si los resultados de la prueba son 125/78, es posible ubicar a la persona en la categoría de prehipertensión.

Después de los 50 años, la cifra sistólica adquiere más relevancia. La hipertensión sistólica aislada –que ocurre cuando la cifra diastólica es normal pero la sistólica es alta– es el tipo más frecuente de hipertensión arterial entre los adultos mayores, especialmente las mujeres. La prehipertensión muchas veces conduce a la hipertensión, y pone a la persona en riesgo de desarrollar enfermedad cardiovascular. La presión arterial en extremo alta –con lecturas de 180/110 y mayores– puede poner en riesgo la vida y hace necesaria la atención médica de urgencia (véase la página 110 para obtener más información sobre la hipertensión peligrosa).

> " Había tenido dolores en el pecho.
> Pensaba que eran agruras..."

Nombre: Ravuth

Evento: a los 24 años, Ravuth acudió al servicio de urgencias tras experimentar dificultad para respirar y dolor de pecho al caminar. Las pruebas revelaron un bloqueo extenso de sus arterias coronarias. Ravuth se sometió a una cirugía de puenteo (Bypass) cuádruple.

Resultado: Ravuth descubrió que tenía hiperlipidemia familiar (HF), una afección hereditaria frecuente con concentraciones en extremo elevadas de colesterol. Su padre murió por un infarto de miocardio varios años antes. La familia de Ravuth no sabía que padecía HF, una condición que debe sospecharse en personas que desarrollan infartos de miocardio en una fase temprana de la vida, antes de los 50 o los 60 años. Los niños en las familias con HF deben someterse a pruebas de colesterol incluso desde los 2 años de edad. En cuanto a Ravuth, practica ejercicio sin problema en la actualidad. Su experiencia le ayudó a volverse más saludable y positivo. "Puede ser una enfermedad debilitante y resultar difícil adaptarse a ella en ocasiones, pero estoy vivo, estoy feliz, y me enseñó que no debo estresarme por cuestiones pequeñas".

+ **Colesterol de lipoproteínas de baja densidad (LDL).** En ocasiones a este colesterol se le denomina "malo". Una cantidad excesiva del mismo en la sangre genera aterosclerosis. Los depósitos pueden romperse y conducir a un infarto de miocardio o un evento vascular cerebral.

+ **Colesterol de lipoproteínas de alta densidad (HDL).** En ocasiones a este colesterol se le denomina "bueno" puesto que ayuda a retirar el exceso de colesterol LDL que se encuentra en la sangre.

+ **Colesterol total.** Se trata de una suma del contenido de colesterol en la sangre. Es posible que te incluyan una cifra para el colesterol que no es de tipo HDL –lo que corresponde a todas las variantes de colesterol menos tu colesterol HDL (existen otras variedades adicionales al colesterol LDL y HDL). Esta cifra puede constituir un mejor indicador del riesgo cardiaco que tu resultado de LDL aislado.

Todos los adultos de 20 años o más deben practicarse un perfil de lípidos completo una vez cada 5 años. Si ya tienes concentraciones elevadas de colesterol o antecedente familiar de enfermedad arterial coronaria temprana, el médico puede solicitar pruebas con más frecuencia. Las guías nuevas recomiendan revisar el colesterol en todos los niños de entre 9 y 11 años, y en una fase más temprana en familias con antecedente importante de enfermedades de corazón.

El colesterol se cuantifica en miligramos de colesterol por decilitro de sangre (mg/dL). Las cifras te permiten clasificar tu nivel de riesgo para la enfermedad del corazón, como se muestra en el cuadro siguiente:

Colesterol en LDL (en miligramos por decilitro)

Menor de 100	Deseable u óptimo
100 a 129	Cercano a lo óptimo o por encima de lo óptimo
130 a 159	Limítrofe alto
160 a 189s	Alto
190 o más	Muy alto

Colesterol HDL

Menor de 40	Bajo
Mayor de 60	Deseable

Colesterol total

Menor de 200	Deseable
200 a 239	Limítrofe alto
240 o más	Alto

Estas categorías podrían no corresponder con las metas de colesterol que recomiende tu médico personal. Por ejemplo, si presentas cardiopatía el médico puede solicitar que alcances cifras de colesterol LDL por debajo de 70 mg/dL.

③ Triglicéridos. Son otro tipo de grasa en la sangre. Cuando se comes, tu organismo convierte en triglicéridos a las fuentes de calorías que no requiere de inmediato. Las concentraciones altas de triglicéridos (hipertrigliceridemia) son frecuentes en personas con sobrepeso o que presentan diabetes, que no practican ejercicio con regularidad, que consumen demasiados dulces y carbohidratos, o beben demasiado alcohol. Las concentraciones de triglicéridos por encima de 200 mg/dL se vinculan con aumento del riesgo de muerte por enfermedad cardiovascular.

La prueba. Los triglicéridos se miden en miligramos por decilitro de sangre (mg/dL), y en general se incluyen en un perfil de lípidos completo. Los niveles de triglicéridos suelen ser mayores durante el embarazo.

Triglicéridos (miligramos por decilitro)

Menor de 150	Normal
150 a 199	Limítrofe alto
200 a 499	Alto
500 y más	Muy alto

④ Índice de masa corporal. Es posible saber que el sobrepeso incrementa tu riesgo de cardiopatía. Pero, ¿cómo detectas que tienes sobrepeso?

El peso de manera característica se evalúa por medio de un número que se conoce como índice de masa corporal (IMC), que toma en consideración tanto tu peso como tu talla (estatura). Es posible identificar tu IMC utilizando la tabla que se muestra en la página 77. La cifra de IMC indica si tienes un peso saludable o si tienes sobrepeso u obesidad.

IMC

18.5 a 24.9	Peso normal
25.0 a 29.9	Sobrepeso
30.0 a 39.9	Obesidad
40 o más	Obesidad extrema

El IMC no es una medida perfecta del peso saludable. Los críticos dicen que subestima la obesidad, en particular entre mujeres de raza caucásica y de origen hispano. También se puede etiquetar de manera errónea a los atletas con gran cantidad de masa muscular como obesos. Es necesario hablar con tu médico en torno a tu cifra de IMC y a tu necesidad de poder mejorarla.

Mide tu cintura. Otra cifra importante que se vincula con el peso y debe conocerse es la medida de la cintura (perímetro abdominal). La grasa que se acumula en la región media del cuerpo es un factor de riesgo independiente para la cardiopatía. Si tienes un perímetro abdominal grande, tu riesgo de enfermedad cardiaca es alto, incluso si

tu IMC es normal. En comparación con la grasa que se acumula en las piernas o los glúteos, la grasa abdominal se relaciona con consecuencias más peligrosas para la salud.

Un perímetro abdominal mayor de 89 cm (35 pulgadas) para mujeres o de 102 cm (40 pulgadas) para hombres se considera un factor de riesgo alto. No es posible que tan sólo esperes una "reducción local" de la grasa abdominal, de tal forma que debes trabajar en la pérdida general de peso. Al tiempo que pierdes peso reduces el perímetro abdominal.

5 **Glucemia.** El azúcar en la sangre (glucosa) es la fuente principal de combustible para tu organismo. Si acumulas cantidades peligrosas de azúcar en la sangre (hiperglucemia) puede desarrollar diabetes. Debido a que los signos y los síntomas se desarrollan de manera gradual, puedes presentar hiperglucemia incluso sin saberlo. Si tienes diabetes, el control de la concentración de azúcar en la sangre ayuda a sentirte mejor y previene complicaciones futuras, entre otras la enfermedad cardiaca.

La prueba. La prueba principal para el diagnóstico de la diabetes es la prueba de glucosa en plasma en ayuno (preprandial). Implica analizar la concentración de azúcar en la sangre en una muestra pequeña de ésta tras un ayuno nocturno.

La American Dietetic Association recomienda que todos los adultos de 45 años o más se sometan a esta prueba cada 3 años. Las personas con factores de riesgo para diabetes deben someterse al análisis a una edad más temprana y con más frecuencia

Si los resultados de tu prueba son superiores a los normales, el médico repetirá el estudio un día distinto. Si la glucemia se mantiene de manera constante en el intervalo de 100 a 125 mg/dL, considera que tienes riesgo elevado de desarrollar diabetes. Esta condición se denomina en ocasiones prediabetes, y se vincula con un riesgo más alto de cardiopatía.

Glucosa sanguínea en ayuno (miligramos por decilitro)	Clasificación
99 o menos	Normal
100 a 125	Incremento del riesgo o prediabetes
126 o más	Diabetes

Cuando la concentración de la glucosa en la sangre se mantiene de forma constante en 126 mg/dL o más, esto suele implicar que tienes el diagnóstico de diabetes. La enfermedad puede dañar las arterias grandes y también los vasos sanguíneos pequeños, e incrementar el riesgo de infarto de miocardio, evento vascular cerebral y otros trastornos que derivan de las anomalías de la circulación sanguínea.

Enfoque del especialista:

Regis Fernandes, M.D., es un experto en enfermedad cardiovascular en la Clínica Mayo.

Una clave para prevenir la cardiopatía es buscar de manera proactiva información para reducir tu propio riesgo. Se inicia con una valoración clínica general. Si los individuos, los proveedores de la atención de la salud y la sociedad trabajaran juntos, la mayor parte de los infartos de miocardio podrían prevenirse.

Si tienes diabetes, la prueba de hemoglobina glucosilada, o hemoglobina A1c, puede indicar qué tan bien has manejado tu glucemia a lo largo de los 2 o 3 meses previos. Estará bien llevado si la prueba revela que la concentración promedio de hemoglobina glucosilada tiene un valor de 5.7% o menos.

CAPÍTULO 8
CONOCE TUS ANTECEDENTES PERSONALES

Para prevenir problemas a futuro, es posible que necesites mirar el pasado. Para comprender mejor el riesgo que tienes de presentar cardiopatía debes descubrir qué se necesita buscar en la historia clínica personal –y la de tu familia–.

 VERDADERO O FALSO

La hipercolesterolemia puede ser hereditaria.
- Verdadero
- Falso

Verdadero. La hipercolesterolemia puede ser hereditaria. La afección más común se denomina hipercolesterolemia familiar.

¿Sabías que una condición que te ha afectado o a algún miembro de tu familia en el pasado puede ser un factor de predicción potente para tus riesgos de salud en el futuro? Por ejemplo, tener un pariente cercano que desarrolló cardiopatía a edad temprana incrementa tu riesgo personal de presentar una enfermedad de corazón.

Eso puede dar miedo, ¡pero no entres en pánico! Sólo porque algunos genes incrementan los riesgos eso no implica que sea imposible reducirlos. Existen algunas cosas que puedes hacer para disminuir tus riesgos, lo que incluye adoptar un estilo de vida saludable. Es importante verificar tus antecedentes médicos.

Antecedentes personales

Integra tus antecedentes médicos comienza en casa, pero resulta muy útil consultar a tu médico. Mientras algunos factores, como el infarto de miocardio, pueden constituir un riesgo evidente, otras banderas rojas, como la apnea del sueño, la anemia o la enfermedad renal, podrían pasar inadvertidas.

Tu médico también te puede ayudar a interpretar la forma en que los factores de riesgo interaccionan. Es posible que tengas conciencia de que la diabetes incrementa tu riesgo de cardiopatía, pero ¿conoces el impacto que existe sobre el corazón si también tienes sobrepeso?

Si has consultado con regularidad a tu proveedor de atención de la salud a lo

¡Sí puedo!

Construiré cada paso del *Plan de la Clínica Mayo para un corazón saludable* semana a semana con estos objetivos simples:

+ Integra un listado completo de parientes en primer grado (padres, hermanos, hijos) y parientes en segundo grado (abuelos, tíos, tías, sobrinos, sobrinas). Si los conoces, incluye las fechas de nacimiento y, en caso necesario, las fechas de muerte.

+ Identifica si algún pariente cercano sufrió un infarto de miocardio a edad temprana (en los varones, menos de 55 años, y en las mujeres, menos de 65 años). Determinar si algún pariente cercano experimentó muerte súbita o paro cardiaco inesperado.

+ Alístate para comenzar a integrar los antecedentes médicos personales al contactar a los parientes y solicitarles su ayuda para responder las preguntas que se presentan en las páginas 91 y 92.

largo de los años, tus registros médicos serán útiles. De manera independiente a esto, debes estar preparado para responder preguntas en torno a enfermedades, cirugías, inquietudes sobre salud y estilo de vida. Antes de la consulta debes preparar tus notas, incluyendo todo lo que sepas acerca de tu historia médica –no es necesario que sea completa–. Un listado actualizado de tus medicamentos y complementos que utilizas es importante.

Claves para determinar tu riesgo personal de cardiopatía

Distintas enfermedades y afecciones en tu familia o tus antecedentes personales pueden incrementar el riesgo de cardiopatía. Informar a tu médico si en alguna ocasión tú o algún pariente cercano han experimentado:

+ Enfermedades cardiovasculares, lo que incluye aneurisma o disección aórticos, miocardiopatía, enfermedad arterial coronaria, insuficiencia cardiaca, valvulopatía, síndrome de QT largo, síndrome de Marfan y enfermedad arterial periférica

+ Infarto de miocardio (lo que incluye angioplastia o colocación de stent), cirugía cardiaca o daño cardiaco

+ Defectos cardiacos congénitos, entre otros válvula aórtica bivalva

+ Evento vascular cerebral

+ Hipertensión arterial

+ Diabetes

+ Concentraciones elevadas o anómalas de colesterol

+ Elevación de los niveles de lipoproteína A

+ Depresión

+ Alcoholismo o abuso de otras sustancias

+ Aborto, óbito fetal o complicaciones del embarazo

+ Enfermedad renal crónica

+ Muerte súbita mientras se tenía buena salud aparente

Factores que incrementan el riesgo si se identifican en la persona:

+ Infecciones cardiacas

+ Apnea del sueño

+ Obesidad

+ Síndrome metabólico

+ Fiebre reumática

+ Anemia

+ Problemas tiroideos

Riesgos específicos en la mujer

Las mujeres tienen problemas específicos que deben tomarse en consideración al revisar sus antecedentes médicos:

Complicaciones del embarazo.

Una condición como la preeclampsia de manera característica desaparece después del parto, no obstante persiste un riesgo más alto de padecer hipertensión arterial y enfermedad del corazón. Es necesario informar a tu médico si padeciste diabetes gestacional, tuviste un parto pretérmino o un bebé pequeño para la edad gestacional.

Uso de anticonceptivos orales.
Las píldoras para control de la natalidad con dosis bajas no suelen incrementar el riesgo de cardiopatía en mujeres menores de 30 años. Sin embargo, el riesgo en mujeres fumadoras que utilizan la píldora es alto, en particular si son mayores de 35 años.

Terapia hormonal posmenopáusica.
Los médicos pensaron en alguna época que la terapia hormonal podría ayudar a reducir el riesgo de cardiopatía en las mujeres posmenopáusicas. Sin embargo, los estudios clínicos indicaron que los estrógenos no sólo no reducen el riesgo, sino que también tienen algunos otros efectos potenciales dañinos. A pesar de los resultados de estos estudios, muchas mujeres todavía reciben terapia hormonal para reducir sus síntomas climatéricos. Es necesario hablar con tu médico antes de considerar su uso.

Enfermedades autoinmunitarias.
La artritis reumatoide y el lupus son ejemplos de enfermedades autoinmunitarias, que ocurren cuando el sistema inmunitario del organismo ataca al propio tejido saludable. Las enfermedades autoinmunitarias se observan con mayor frecuencia en mujeres que en hombres, e incrementan en grado significativo el riesgo de presentar enfermedad cardiovascular.

Otros problemas.
Las mujeres tienen más posibilidad que los hombres de padecer diabetes. De hecho, la diabetes es un factor de riesgo importante para la cardiopatía en mujeres. La depresión, que es más común en la mujer, es otra problemática. La American Heart Association recomienda practicar una detección de depresión en la mujer como parte de una valoración cardiovascular ordinaria.

Antecedentes familiares

Al igual que los rasgos como el cabello rizado, los ojos cafés y la habilidad musical pueden distribuirse en familias, existe una tendencia de este tipo para presentar una cardiopatía.

Tú heredaste la mitad de tu material genético de cada padre. Además, de manera característica la familia comparte un ambiente común en el hogar y un estilo de vida que puede tener impacto directo sobre tu salud cardiaca.

Los investigadores no han descubierto todos los distintos factores genéticos y

Enfoque del especialista:

Michael J. Ackerman, M.D., Ph.D., es un experto en trastornos del ritmo cardiaco hereditarios y genéticos en la Clínica Mayo

La prevención de la muerte súbita de origen cardiaco en niños depende de tres estrategias: no ignorar los episodios súbitos de desmayo, en particular durante el ejercicio; conocer los antecedentes familiares; e impulsar a la comunidad a convertir en una prioridad la disponibilidad de desfibriladores externos.

ambientales implicados, pero saben que el riesgo de presentar cardiopatía aumenta si:

+ Tu padre o tu hermano desarrollaron cardiopatía antes de los 55 años

+ Tu madre o hermana desarrollaron cardiopatía antes de los 65 años

Muchas personas piensan: "Bueno, si mi padre murió joven por un infarto de miocardio, entonces la cardiopatía está en mis genes y no puedo cambiar eso". Esto no es así. La vida que llevas –el ambiente– desempeña un papel de igual importancia que tu herencia genética en relación con la influencia sobre el riesgo de desarrollar cardiopatía. La herencia y el ambiente actúan en concierto –y la forma en que vives puede de hecho modificar tus genes–.

En el otro extremo, la gente puede negar un antecedente familiar de cardiopatía. "Es posible que mi padre haya muerto por un infarto de miocardio, pero ¡eso no va a pasarme!". Estos individuos pueden incluso ignorar los síntomas de alarma, como el dolor en el pecho.

Reconocer los antecedentes médicos de tu familia te puede ayudar a identificar patrones adicionales a los que has experimentado. De manera similar a un árbol genealógico, integrar una historia médica familiar genera un registro de la salud de tu familia extendida y revela las relaciones sutiles entre generaciones.

Tus antecedentes familiares podrían no predecir el futuro, pero señalan factores a los que necesitas prestar atención. Es posible reconocerlos y disminuir su impacto al modificar las conductas no saludables y mantener la vigilancia de tus cifras personales.

Identificación de los hechos. Para comenzar a obtener los antecedentes médicos, revisa si los miembros de tu familia están dispuestos a trabajar conjuntamente en el proyecto. Siempre debes permitirte la opción de responder preguntas de forma privada por teléfono, correo o correo electrónico. Cualquiera que sea la opción, las preguntas deben ser cortas y directas.

Al tiempo que obtienes la información, debes prestar atención sin emitir juicios o comentarios. No toda la gente se siente cómoda al revelar información personal. Es necesario respetar el derecho a la confidencialidad. Informa a tus parientes que su participación es opcional y que la información sólo será compartida con un profesional médico.

Para las generaciones anteriores es posible que necesites consultar los árboles familiares, los álbumes de bebés, las cartas antiguas, los obituarios en el periódico o los registros de centros de culto. Las actas de nacimiento, matrimonio y

defunción suelen poder consultarse en las Oficinas del Registro Civil.

Si la persona es adoptada, debe interrogarse a los padres adoptivos en torno a si recibieron información acerca de los padres biológicos. Las agencias de adopción también pueden conservar información de la familia en el expediente. Con un proceso de adopción abierta puede ser posible consultar de manera directa a la familia biológica.

Recopila información sobre tus abuelos, padres, tíos, tías, hermanos, primos, hijos, sobrinas, sobrinos y nietos. Los parientes en primer grado –padres, hijos y hermanos– ejercen el impacto más directo sobre los riesgos cardiacos. De ser posible, en los antecedentes médicos incluye por lo menos dos generaciones previas junto con la actual.

Puedes iniciar tus antecedentes médicos con el registro del sexo y la fecha de nacimiento de cada persona que entrevistaste. Luego, formula las preguntas siguientes:

- ✔ ¿Tienes alguna afección crónica de salud, como cardiopatía, hipertensión o diabetes?
- ✔ ¿Has presentado en alguna ocasión enfermedades graves, como cáncer o evento vascular cerebral?

- ✔ ¿Qué edad tenías cuando se desarrollaron estas afecciones?
- ✔ ¿Factores como la dieta, el ejercicio, el peso, o el consumo de tabaco, alcohol o drogas han afectado tu salud?
- ✔ ¿Qué medicamentos utilizas?
- ✔ ¿Han tenido tú o tu pareja alguna dificultad con el embarazo, como aborto?
- ✔ ¿Qué enfermedades tenían tus familiares fallecidos? ¿Qué edad tenían cuando murieron? ¿De qué país provienen tus ancestros?

Tus historias personal y familiar no tienen que estar completas pero sí lo más precisas que te sea posible.

Compartir tu historial médico y el de tu familia con tu proveedor de servicios médicos te proporcionará información valiosa para detectar si existe algún riesgo de problemas cardiacos. Además el médico hallará información valiosa para recomendar tratamientos o ajustes en tu forma de vida que reduzcan tu riesgo, programar pruebas de detección, identificar a otros miembros de tu familia que tengan la posibilidad de estar en riesgo, y evaluar el riesgo de transmitir tus condiciones a tus hijos.

 ## Integración de un árbol genealógico médico de tu familia

Genera un diagrama o tabla que muestre de forma clara las relaciones entre distintos miembros de tu familia. De no contar con información sobre una enfermedad o causa de muerte, no debes adivinar la respuesta —eso puede conducir a una interpretación errónea–. No es necesario preocuparte si faltan algunos detalles.

Se dispone en línea de distintas herramientas que pueden ayudar. En las páginas electrónicas de las organizaciones siguientes, escribe "antecedentes familiares" en el buscador:

+ **Instituto Nacional de Nutrición Salvador Zubirán** (*www.innsz. mx/opencms/contenido/ investigacion/comiteEtica/ estudiosgeneticos.html*)
+ **Sociedad Mexicana de Genética** (*smgac.org.mx/*)
+ **Hospital General de México** (*www.hgm.salud.gob.mx/ interior/area_medica/genetica/ inicio.html*)

Entrega a tu médico una copia del registro. Actualiza los antecedentes cada 2 años, y comparte las actualizaciones con tu médico.

"Somos iguales que todos los demás –deseamos vivir nuestra vida al máximo–"

En una mañana de primavera, Michelle recibió una llamada en su trabajo de la escuela de su hijo. Shannon, de 17 años, no había acudido a clases ese día. Cuando el padre de Michelle fue a buscar a Shannon, lo encontró muerto en su recámara. El mundo de la familia quedó de cabeza.

Shannon parecía del todo saludable. "Nos sometíamos cada año a una revisión médica. Comíamos alimentos balanceados. Los informes de la autopsia no mostraron evidencia de drogas o alguna razón aparente para el paro cardiaco. Nadie podía decirnos lo que había ocurrido", dijo Michelle. La falta de una explicación la intrigaba. "Había trabajado como técnica en urgencias médicas, y me enseñaron que sabría cuándo un paciente tenía una enfermedad de tal grado que podría morir". Varios meses después, Michelle descubrió una clave valiosa. Al tiempo que revisaba una copia de la evaluación física deportiva de Shannon, Michelle observó que él había respondido de manera afirmativa las preguntas relativas a mareo, dolor torácico, y dificultad para respirar durante y después del ejercicio.

Esas respuestas indujeron a Michelle a llamar a su médico, quien solicitó pruebas para su otro hijo, Dustin. Los resultados anormales llevaron a la madre y al hijo a consultar a un equipo de cardiólogos de la Clínica Mayo. Discutieron los antecedentes médicos de la familia, los cuales incluían palpitaciones en la hermana de Michelle, así como algunos incidentes de desmayo tanto en Michelle como en su madre. Las pruebas genéticas revelaron que Michelle y Dustin tenían síndrome de QT largo, un trastorno del ritmo cardiaco hereditario que puede generar latidos cardiacos rápidos y caóticos, así como desmayos, convulsiones o muerte. Una autopsia molecular del tejido cardiaco de Shannon confirmó el mismo defecto genético.

A Michelle y a Dustin se les colocaron desfibriladores cardioversores implantables para prevenir el desarrollo de ritmos cardiacos que pusieran en riesgo su vida. "Deseamos seguir haciendo todo lo que podamos", dice Michelle. "Deseo que Dustin tenga éxito y también que tan sólo se divierta. No quiero que el QT largo nos detenga".

CAPÍTULO 9

ESTABLECE TUS OBJETIVOS

Tu objetivo es prevenir la cardiopatía pero, ¿cómo planeas esa meta compleja y a largo plazo? Este capítulo te ayuda a definir una estrategia para alcanzarla.

? VERDADERO O FALSO

Los factores de riesgo frecuentes para la cardiopatía, como el tabaquismo, la hipercolesterolemia y la hipertensión arterial, también incrementan el riesgo de demencia y disfunción eréctil.

- ● Verdadero
- ● Falso

Verdadero. El tabaquismo, la hipercolesterolemia y la hipertensión arterial incrementan el riesgo de demencia, disfunción eréctil, cáncer mamario y algunos otros tipos de cáncer.

Las cifras de las pruebas y los antecedentes médicos les ayudan a ti y a tu médico a valorar tu salud cardiaca existente –así como los riesgos potenciales–. En este momento, tu concentración puede dirigirse al futuro y a la forma en que es posible influir sobre el mismo para que mejore. Debes comenzar a colaborar con tu equipo de atención de la salud para establecer los propósitos –los de largo plazo que ayudan a reducir tus factores de riesgo para la cardiopatía–.

Para comenzar, puede ser útil comprender la diferencia entre un objetivo de "evolución" y uno de "desempeño". Un objetivo de evolución es un resultado final, como alcanzar un nivel de colesterol LDL por debajo de 100 mg/dL o perder 13.6 kg (30 lb). Este tipo de meta es una perspectiva general o meta a largo plazo, para la cual podría ser necesario trabajar durante bastante tiempo.

Un objetivo de desempeño es un tipo de objetivo que ayuda a alcanzar esa evolución, por ejemplo, "Comeré cuatro raciones diarias de verduras" o "Caminaré 30 minutos cada día" (cualquiera de las cuales te puede ayudar a disminuir el colesterol o a perder peso). De manera característica es necesario identificar varios objetivos de desempeño para alcanzar un objetivo de evolución. Y para el *Plan de la Clínica Mayo para un corazón saludable*, será necesario identificar tanto los objetivos de evolución como los de desempeño.

Tus objetivos deben basarse en los factores de riesgo personales para la

¡Sí puedo!

Construiré cada paso del *Plan de la Clínica Mayo para un corazón saludable* semana a semana con estos objetivos simples:

+ Calcularé el riesgo a 10 años de cardiopatía utilizando una calculadora de riesgo como la que se presenta en la página electrónica del National Cholesterol Education Program. Discutiré los resultados con el médico.

+ Determinaré las tres metas principales de evolución (objetivos) con ayuda de mi médico.

+ Identificaré una serie de objetivos de desempeño que me ayudarán a alcanzar un objetivo de evolución.

Enfoque del especialista:

Randal J. Thomas, M.D., es un experto en cardiología preventiva en la Clínica Mayo.

Existe un dicho que indica que la cardiopatía es lo que la naturaleza te da por romper sus reglas. Sin embargo, existe una segunda oportunidad. Los hábitos de un estilo de vida saludable pueden ayudarte a reducir la mayor parte de los riesgos personales de sufrir un infarto de miocardio.

informe de perfil de riesgo para hacerte recomendaciones sobre factores específicos. El médico puede describir tu nivel de riesgo general como deseable (el nivel al cual deseas llegar), moderado, alto o muy alto.

Muchas personas tienen por lo menos un factor de riesgo para la cardiopatía. Mientras más factores tengas, mayor es la causa de la preocupación. Esto es debido a que un factor tiende a reforzar el impacto de los otros, lo que multiplica el riesgo.

Por fortuna, puedes hacer algo en relación con los diferentes factores de riesgo. Por ejemplo, la probabilidad de que un varón fumador de 53 años con hipertensión desarrolle un infarto de miocardio en el transcurso de 10 años se aproxima a 20%. A pesar de esto, si abandona el tabaquismo, su riesgo cae hasta 10%. Si recibe medicamentos para tratar la hipertensión, su riesgo cae a 5%.

En tanto más reduzcas el riesgo, mayor es el beneficio. Si para la edad de 50 años tienes bajo control tus niveles de colesterol y de presión arterial, no fumas y no sufres diabetes, el riesgo de cardiopatía a lo largo de la vida es menor de 5%.

cardiopatía. En colaboración con tu médico determina los pasos a seguir.

Tu riesgo personal

Al revisar los factores de riesgo personales, tu médico puede recurrir a un

Planes para alcanzar tus objetivos

Una vez que se identifican los principales factores de riesgo, tú y tu médico pueden asignar prioridades y establecer

¿Qué posibilidad tienes de tener un infarto de miocardio en los siguientes 10 años?

¿Te has preguntado qué posibilidades tienes de desarrollar un infarto de miocardio o un evento vascular cerebral? Los instrumentos conocidos como calculadoras de riesgo ayudan a predecir la posibilidad. El resultado se expresa como un porcentaje, por ejemplo una posibilidad de 20%, en el transcurso de un periodo específico, como 10 años.

En Estados Unidos, las calculadoras de riesgo más comunes se basan en el Estudio Framingham del Corazón, que identifica factores que contribuyen a la enfermedad cardiovascular. Estos instrumentos suelen requerir información sobre tu edad, género, cifra de presión arterial sistólica, la concentración de colesterol, y si eres fumador o presentas hipertensión arterial.

En la página electrónica del National Cholesterol Education Program puede probarse una calculadora en línea (nhlbi.nih.gov/about/ncep), al ingresar en el buscador la frase "calculadora de riesgo". La calculadora está diseñada para adultos de 20 años o más que no padecen cardiopatía, diabetes o hipercolesterolemia familiar.

Todas las calculadoras de riesgo tienen limitaciones. Por ejemplo, de manera característica no incluyen los antecedentes familiares o la presencia de síndrome metabólico en el cálculo. Pueden subestimar el riesgo en mujeres. Casi todas las calculadoras proveen un riesgo a 10 años y no un riesgo vitalicio, de tal manera que pueden trasmitir seguridad falsa a la persona. Incluso si la calificación de riesgo es baja –por decir algo, 1%– podría tratarse del único individuo de entre 100 que presentan un infarto de miocardio. Puesto que el estudio Framingham original incluyó sólo a adultos caucásicos, podría no ser aplicable de igual forma para calcular el riesgo en poblaciones que no lo son. Por último, casi todas las calculadoras de riesgo aportan una aproximación del riesgo de infarto de miocardio o evento vascular cerebral, pero no de otras condiciones cardiacas importantes, como la fibrilación auricular o la insuficiencia cardiaca.

Los investigadores siguen estudiando y aprendiendo más en torno a los factores de riesgo, y se están desarrollando calculadoras de riesgo nuevas para incorporar los hallazgos recientes. El médico puede dar asesoría a la persona en cuanto a su necesidad de realizar pruebas de laboratorio o estudios de imagen adicionales para valorar con más detalle el riesgo cardiovascular.

Principales factores de riesgo para la cardiopatía

Diabetes. Presentar diabetes duplica el riesgo de cardiopatía en varones y lo triplica en mujeres.

Tabaquismo. A mayor cantidad de cigarrillos consumas, existe mayor posibilidad de que desarrolles un infarto de miocardio.

Hipertensión arterial. Esta condición, en particular si no se encuentra bajo control, puede conducir al desarrollo de placas y al engrosamiento o endurecimiento de tus arterias.

Niveles no saludables de colesterol. Las concentraciones altas de colesterol en lipoproteínas de baja densidad (LDL) o los niveles bajos de colesterol en lipoproteínas de alta densidad (HDL) incrementan el riesgo de cardiopatía. Las concentraciones altas de triglicéridos también lo hacen.

Antecedentes familiares de cardiopatía temprana. Tu riesgo aumenta si un pariente cercano desarrolló cardiopatía a una edad temprana (antes de los 55 años en hombres y los 65 años en mujeres) —en particular si carecía de factores de riesgo claros, como el consumo de tabaco o la hipertensión arterial—.

Obesidad. Ser obeso puede conducir al desarrollo de hipertensión arterial, hipercolesterolemia y diabetes —todos ellos factores de riesgo para la cardiopatía. Llevar un peso excesivo en torno al abdomen es en particular malo para la salud cardiaca—.

Falta de actividad física. En tanto la actividad física que se practica con regularidad ayuda a proteger de la cardiopatía, la inactividad casi duplica el riesgo. De hecho, un estilo de vida sedentario implica un aumento de riesgo de infarto de miocardio casi idéntico que el tabaquismo.

Cardiopatía establecida. Si has presentado una enfermedad cardiovascular, entre otras infarto de miocardio, evento vascular cerebral, aneurisma de la aorta abdominal, arteriopatía coronaria o angina de pecho, existe mayor posibilidad de desarrollar problemas adicionales.

Otros factores de riesgo

Edad avanzada. Tener más de 60 años es un factor de riesgo para la enfermedad cardiovascular. La aterosclerosis ya empieza a desarrollarse desde los 20 años en muchos individuos en las sociedades occidentales y avanza con el tiempo.

Dieta no saludable. Comer muy pocos alimentos saludables, como verduras y frutas, y consumir gran cantidad de alimentos no saludables con alto contenido en grasas y azúcar pueden incrementar el riesgo.

Problemas para dormir. No dormir lo suficiente puede conducir al desarrollo de hipertensión arterial y obesidad, ambos factores de riesgo importantes para la cardiopatía. La apnea del sueño se vincula con un riesgo más alto de cardiopatía.

Estrés. El estrés puede tener efecto indirecto y directo sobre el riesgo de cardiopatía. Cuando la persona se encuentra bajo estrés, puede optar por comer en exceso, beber alcohol o fumar en abundancia para poder adaptarse, que son situaciones que se agregan al riesgo de cardiopatía. Además, el estrés crónico por sí mismo puede tener un efecto dañino directo sobre el corazón. Por otra parte, un evento estresante o que genera malestar emocional es un desencadenante común de los infartos de miocardio.

¿Conoces tus cifras objetivo?

En el capítulo 7 te presentamos un listado de cinco cifras clave que debes conocer, además de un intervalo ideal u objetivo en el cual debe mantenerse cada una de ellas. Ese es un buen punto de arranque, pero es necesario que establezcas tus cifras objetivo individuales junto con el médico, con base en tu situación específica. Debe recordarse que cada factor de riesgo individual puede influir sobre otros y potenciarse. Por ejemplo, si tu IMC es demasiado alto, el primer objetivo debe ser salir de la categoría de obesidad y pasar a la categoría de sobrepeso, o perder 10% de tu peso corporal.

Otra cifra que debe ajustarse de forma individual es la concentración de colesterol LDL. Si consideras que tienes un riesgo muy alto de desarrollar cardiopatía, el médico podría sugerir que trates de alcanzar un nivel de LDL de 100 mg/dL o menos. Esto podría ocurrir en caso de contar con varios factores de riesgo, como diabetes, síndrome metabólico o tabaquismo. Si te diagnosticaron arteriopatía coronaria o presentaste un infarto de miocardio previo, el médico te puede recomendar un objetivo de 70 mg/dL o menos.

los objetivos. (¿Se recuerda la descripción de los objetivos de evolución? Piensa en los objetivos de evolución y hazlos tuyos.) De manera característica, tu médico te ayudará a establecerlos a niveles alcanzables que permitan lograr un impacto positivo sobre tus factores de riesgo.

Tu siguiente paso es identificar los objetivos de desempeño que te ayudan a alcanzar tus propósitos –estas metas deben ser simples y prácticas–. No existe una forma "correcta" para determinarlas –dependen en gran medida de lo que te sientas capaz de hacer con comodidad–. Pero, mientras más alineados estén a tus gustos

y disgustos, tus preferencias y tus prioridades personales, mayor es la probabilidad de que tengas éxito y lo disfrutes.

Esto puede hacer necesario que hagas algunos cambios importantes en tu estilo de vida. Al escuchar esto, puedes pensar: "Nunca seré capaz de hacer esto, así es que ¿para qué molestarme?". ¡Es necesario desacelerar! Debes tomar un paso a la vez. No es necesario trabajar todo en un solo momento. Avanza a un paso que te sientas cómodo.

Existe la posibilidad de que para alcanzar los objetivos requieras una combinación de objetivos de desempeño, ya sea que se trate de una dieta, ejercicio, sueño, pérdida de peso, medicamentos o algo más. A la par de tus propósitos, lista los objetivos de desempeño que piensas que te ayudarán a alcanzarlos. Aquí se muestran algunos ejemplos:

Propósitos	Objetivos de desempeño
IMC en un rango saludable	▸ Consumir una dieta balanceada. ▸ Limitar los dulces y los alimentos grasosos. ▸ Ejercitarse la mayor parte de los días de la semana.
Ejercitarse 150 min por semana	▸ Programar tiempo para el ejercicio. ▸ Comenzar con un plan de 10 minutos por día y luego extender el tiempo de manera gradual. ▸ Acordar entrenamientos semanales con un compañero de ejercicio.
Presión arterial inferior a 120/80	▸ Tomar lecturas con regularidad mediante un baumanómetro casero. ▸ Limitar el consumo de sal por día. ▸ Ejercitarse la mayor parte de los días de la semana.

Si fumas, dejar de fumar es por mucho lo más importante que puedes hacer para reducir tu riesgo de cardiopatía. Y para la mayor parte de los fumadores, abandonar el tabaquismo no es un cambio menor. Toma todo el tiempo necesario para suspender el consumo de tabaco antes de concentrarte en otros propósitos. En el capítulo 6 se presentan recomendaciones al respecto.

En ocasiones resulta útil descomponer los objetivos de desempeño en una serie de acciones más específicas y medibles –que puedas alcanzar con mayor rapidez–.

Por ejemplo, si tú decides que un objetivo de desempeño para mejorar tu dieta es comer más frutas y verduras, puedes iniciar con acciones muy simples para hacerlo. Éstos pueden consistir en incorporar fruta al cereal, incluir ensalada en tu almuerzo y sustituir el postre con fruta. Todas estas acciones te ayudarán a alcanzar tu objetivo de desempeño.

Es buena idea rastrear con regularidad tu progreso en los objetivos de desempeño –tú puedes hacerlo ayudándote con una lista de comprobación diaria o semanal–. Continúa informando a tu médico sobre lo que haces y los problemas que surgen. Mientras más puedas mantenerte concentrado en las acciones pequeñas y alcanzables, tus probabilidades de alcanzar tus objetivos serán mejores.

Qué hacer y qué no hacer al establecer tus objetivos

Los objetivos tienen como finalidad inspirar, no hacerte sentir fracasado al no alcanzarlos. Te recomendamos probar estas sugerencias para evitar los pasos erróneos.

Qué hacer:

+ Escribe tus objetivos y dar seguimiento al avance al pasar el tiempo.

+ Moldea tus objetivos bajo una luz positiva –evita la mentalidad negativa–. En vez de, "Nunca volveré a comer comida chatarra como bocadillo", qué tal "Tendré a la mano fruta y algunas nueces por si acaso me da hambre entre las comidas".

+ Cada día, escribe un propósito sobre el cual puedas actuar durante el día. Manten la nota a la mano y leela con frecuencia.

+ Ajusta una meta si has intentado por algún tiempo y te resulta un reto excesivo. Sin embargo, no cambies la meta tan sólo por conveniencia.

+ Celebra tu éxito a lo largo del camino. Recompénsate, ya sea con un masaje simple en el cuello, invierte una hora en tí mismo, o adquiere música o una película nuevas.

Qué no hacer:

+ Negarte a disfrutar. Resulta clave encontrar satisfacción en los cambios que estás haciendo.

+ Basar tus propósitos en lo que alguien más piensa que debes hacer –asegúrate de que los objetivos sean propios–.

+ Quedarte atrapado en los terribles "demasiados" –intentar con demasiada intensidad, demasiado pronto, demasiado duro–. Manten una perspectiva realista. Inicia con pasos pequeños.

+ Mirar demasiado adelante o reprenderte por el pasado. Lo que haces en la actualidad es lo que te ayudará a alcanzar tu meta.

+ Darte por vencido al sentir desánimo. Cualquier persona falla de vez en cuando –tan sólo es necesario conseguir apoyo y no perder de vista las metas–.

CAPÍTULO 10

TOMA TUS MEDICAMENTOS PRESCRITOS

Existe una gran variedad de medicamentos que puedes utilizar para mejorar tu salud cardiaca, pero ese no es el tema central de este capítulo. La palabra clave en el título del capítulo es "toma". Un reto común para cualquier persona que viva con una cardiopatía es tomar los medicamentos con regularidad y según los prescribe el médico.

(?) VERDADERO O FALSO

Si ya tuviste un infarto de miocardio, el uso diario de aspirina puede reducir el riesgo de desarrollar otro infarto de miocardio.

- Verdadero
- Falso

Verdadero. Si ya tuviste un infarto, el uso de aspirina (ácido acetilsalicílico) a diario disminuye la posibilidad de que ocurra otro infarto. Si nunca has sufrido un infarto de miocardio, es necesario hablar con tu médico para definir si es adecuado el uso de aspirina para ti.

Te beneficias al comer de forma más saludable, moverte más y dormir mejor. Sin embargo, estos cambios tienen tan sólo un alcance limitado. También puedes requerir medicamentos para prevenir o controlar la cardiopatía. Esto es en particular cierto cuando existen afecciones médicas subyacentes que los cambios del estilo de vida por sí mismos no pueden modificar en grado suficiente. Existen distintos medicamentos que pueden mejorar la función del corazón, reducir el colesterol, y tratar la hipertensión arterial, la insuficiencia cardiaca o la fibrilación auricular.

La meta es tomar los medicamentos de forma correcta y constante durante todo el tiempo que se requieran –y en el caso de los medicamentos para el corazón, eso muchas veces implica el resto de tu vida–. Si suspendes el uso de los medicamentos, tu afección puede empeorar o los síntomas reincidir. Si no te tomas los medicamentos según se te indica, pueden no funcionar o generar efectos colaterales dañinos.

Así es que, ¿por qué tantas personas tienen problemas para tomar sus medicamentos según lo indica su médico?

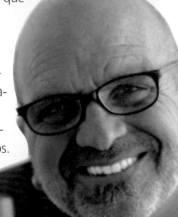

¡Sí puedo!

Construiré cada paso del *Plan de la Clínica Mayo para un corazón saludable* semana a semana con estos objetivos simples:

+ Integraré un listado de todos los medicamentos que utilizo, lo que incluye su dosis y el horario con que debo tomarlos. Guardaré una copia de ese listado en un sitio seguro en caso de que surja alguna emergencia.

+ Conoceré las razones por las cuales tomo cada uno de mis medicamentos.

+ Analizaré con mi médico el uso de cualquier complemento de herbolaria o de tipo dietético, o bien medicamentos de venta sin receta, con el objetivo de asegurarme que no generan efectos colaterales o tienen interacciones graves con mis medicamentos prescritos.

Entender el problema

Existen muchas razones por las cuales las personas tienen problemas para mantenerse en línea para tomar sus medicamentos. Para quienes inician, casi todo el mundo olvida tomar sus pastillas de vez en cuando.

Sin embargo, existen otras razones por las cuales la gente puede tener dificultades. A muchas personas les disgustan los efectos colaterales de un medicamento o sólo no les agrada tomar medicamentos, y punto. Otros individuos se sienten rebasados cuando reciben demasiados medicamentos, o bien no comprenden cómo o cuándo tomarlos.

Algunas personas no notan cambios, de tal forma que suspenden el medicamento. También puede ocurrir lo opuesto: la gente comienza a sentirse mejor, de tal forma que deja de tomar el medicamento. El costo elevado de los medicamentos también es un problema.

Existe una mayor posibilidad de que tomes todos tus medicamentos de forma correcta si comprendes la razón por la que los necesitas, y si desarrollas rutinas para la hora y la forma de tomarlos. Será de ayuda obtener por lo menos algunas de las respuestas a las preguntas siguientes sobre cada uno de los medicamentos que utilizas:

- ✔ ¿Cuál es el nombre comercial y el nombre genérico de este medicamento?
- ✔ ¿Es posible adquirir una versión menos costosa?
- ✔ ¿Cuál es la razón para tomarlo?
- ✔ ¿Qué ocurre si no lo tomo?
- ✔ ¿A qué hora del día debo ingerirlo?
- ✔ ¿Cómo debo tomarlo –con alimentos o con el estómago vacío? ¿Puede masticarse o triturarse, o debe deglutirse entero?
- ✔ ¿Cuántas tabletas debo tomar, y con qué frecuencia?
- ✔ ¿Durante cuánto tiempo se necesitaré utilizar el medicamento?
- ✔ ¿Es necesario que evite ciertas actividades, alimentos o bebidas al tomar el medicamento?
- ✔ ¿Existen otros medicamentos, vitaminas o complementos que deba evitar al tomar este medicamento?
- ✔ ¿Qué es lo que se debo hacer en caso de olvidar una dosis?
- ✔ ¿Con qué frecuencia es necesario resurtir la receta?
- ✔ ¿Cuáles son los riesgos que implica y sus efectos colaterales?
- ✔ ¿Qué debo hacer si desarrollo efectos colaterales?
- ✔ ¿Cómo puedo saber si el medicamento está funcionando?
- ✔ ¿Es seguro su uso durante el embarazo o la lactancia?

Puedes solicitar información por escrito sobre cada medicamento a tu médico o farmacéutico. Asegúrate de que tu médico sepa acerca de todos los medicamentos que tomas, incluidos otros medicamentos, medicamentos de venta sin receta, vitaminas y complementos a base de hierbas o dietéticos.

¿Puede el uso diario de aspirina prevenir la cardiopatía?

¿Ha estado tu esposa insistiendo para que tomes aspirina a diario para prevenir la cardiopatía? La aspirina (ácido acetilsalicílico) recibe gran cantidad de atención pero, ¿quiénes deben utilizarla? La respuesta puede ser más complicada de lo que piensas.

Mientras que el uso diario de aspirina en dosis baja puede reducir tu riesgo de cardiopatía, infarto de miocardio y evento vascular cerebral, no resulta una opción adecuada para todas las personas, y puede resultar peligroso para algunas. La aspirina interfiere con la acción de coagulación de la sangre, de manera que ayuda a prevenir la formación de los coágulos sanguíneos que generan un infarto de miocardio. Sin embargo, el consumo diario de aspirina puede tener efectos colaterales graves, lo que incluye la hemorragia interna.

Si ya presentaste un infarto de miocardio, es posible que el médico ya te haya prescrito aspirina, puesto que ayuda a prevenir un segundo infarto. También se recomienda el uso de aspirina durante toda la vida a cualquier persona que se somete a un procedimiento para colocar un stent dentro de una arteria coronaria. En cualquier caso, es necesario que no suspendas el uso de aspirina sin consultar a tu médico –suspender el medicamento puede incrementar tu riesgo de desarrollar un infarto de miocardio–. Si tuviste un evento vascular cerebral, el uso de una aspirina reduce el riesgo de desarrollar otro evento similar.

Sin embargo, si no has presentado antes un infarto de miocardio o un evento vascular cerebral, la cuestión de si debes utilizar aspirina resulta controversial, y las recomendaciones pueden variar.

La conclusión: es necesario hablar con tu médico antes de comenzar una terapia diaria con aspirina –o, si ya se prescribió, antes de suspenderla–.

> " Fue difícil ser paciente y apegarme a mis medicamentos, pero ¡funcionaron!"

Nombre: Brenda

Evento: Brenda acudió al hospital al referir dificultad para respirar. Se le diagnosticó insuficiencia cardiaca. "Estaba muy espantada, porque si los medicamentos no funcionaban necesitaría un trasplante de corazón".

Evolución: Brenda utiliza varios medicamentos para fortalecer su corazón y controlar la retención de líquidos. También modificó de manera radical su estilo de vida –perdió peso, se alimenta bien y se ejercita con regularidad, y vigila su consumo de sal y líquidos–. Su corazón, que tenía el doble del tamaño normal y apenas bombeaba, casi ha recuperado la normalidad. "Tengo mucho más energía para invertir en mi familia", dice. "Antes era algo muy parecido a una papa en un sillón, pero ahora puedo jugar con mis hijos".

Sobreponerse a los retos

Cada medicamento aporta beneficios específicos, y tiene efectos colaterales y reglas de uso. Estas recomendaciones pueden ayudarte a resolver los retos.

Reto: dificultad para recordar la toma de los medicamentos

+ Ingerir los medicamentos a la misma hora cada día. Relacionar la toma de los medicamentos con otros hábitos cotidianos, como antes de las comidas o después de lavarse los dientes.

+ Programar el teléfono o el reloj despertador para señalar la hora, o recurrir a un servicio gratuito que envíe recordatorios por medio de correo electrónico o mensajes de texto.

+ Colgar notas de recordatorio en el espejo del baño o el refrigerador.

+ Solicitar a algún amigo ayuda para recordar el uso del medicamento. Si el amigo toma medicamentos, establecer un sistema entre compañeros para tomar turnos y llamarse en días alternos.

+ Escribir el horario en un calendario o en un pizarrón blanco, y tachar el día una vez transcurrido.

Reto: efectos colaterales desagradables

+ Conocer los síntomas que deben vigilarse.

+ Platicar con el médico para determinar si la prescripción puede ajustarse

Reto: desagrado por los medicamentos o creencia de que no se requieren

+ Investigar cómo funciona cada medicamento y en qué forma ayuda.

+ Preguntar al médico qué ocurriría de no tomar el medicamento.

Reto: demasiados medicamentos

+ Organizar las tabletas en una caja dosificadora al inicio de la semana.

+ Solicitar al médico opciones para reducir el número de medicamentos.

Reto: incertidumbre respecto del uso de un medicamento

+ Utilizar un sistema de codificación para marcar los frascos con un color distinto para los distintos horarios del día.

+ Tener un fólder con materiales impresos sobre cada tipo de medicamento.

Reto: medicamento muy costoso

+ Preguntar al médico si existe una versión más económica o genérica.

+ Revisar minuciosamente los programas de pacientes que ofrecen

Si sufres depresión…

Un problema que puede limitar la capacidad para dar seguimiento al uso de medicamentos es la depresión, una condición común entre personas con cardiopatía. Tener depresión, incluso leve, duplica la posibilidad de contraindicar los medicamentos. Si sientes decaimiento o desesperanza, o tienes poco interés en la vida, es necesario hablar con tu médico en torno a si podría tratarse de depresión.

apoyo financiero o descuentos especiales.

+ No partir las tabletas a menos que el médico indique que está bien.

+ No compartir tabletas con amigos.

Reto: viaje, enfermedad o cambio de rutina

+ Planear con antelación la forma y el momento en que se resurtirán las recetas.

+ Permanecer al tanto de los medicamentos si cambia la rutina –lo que tiene posibilidad de ocurrir al viajar–.

+ Llevar consigo una provisión suficiente de medicamentos. Preguntar al encargado de farmacia si es posible el surtido de paquetes semanales para viaje.

Medicamentos comunes de uso cardiaco

Los inhibidores de la enzima convertidora de angiotensina (ECA) ayudan a reducir la presión arterial y mejoran la acción de bombeo del corazón. Las personas con hipertensión arterial que no pueden recibir inhibidores de la ECA pueden utilizar medicamentos que se conocen como bloqueadores de los receptores de la angiotensina tipo II.

Los anticoagulantes y los inhibidores de la agregación plaquetaria ayudan a prevenir la formación de coágulos dentro de los vasos sanguíneos o el corazón. Las personas que presentan angina de pecho, tuvieron un infarto de miocardio, tienen fibrilación auricular, o cuentan con stents o válvulas cardiacas mecánicas suelen tomar estos medicamentos.

Los betabloqueadores reducen la frecuencia cardiaca y también la presión arterial, y se utilizan para tratar la angina de pecho, la hipertensión arterial, la insuficiencia cardiaca y algunos trastornos del ritmo cardiaco.

Los bloqueadores de los canales del calcio relajan los vasos sanguíneos y se utilizan para controlar la hipertensión arterial, la angina de pecho y algunos trastornos del ritmo cardiaco.

Los diuréticos impiden que el líquido se acumule en el organismo, y reducen la hinchazón en las piernas y tobillos. Se utilizan para controlar la hipertensión arterial y la insuficiencia cardiaca.

Los nitratos alivian la angina de pecho al relajar los vasos sanguíneos.

Las estatinas reducen las concentraciones de colesterol.

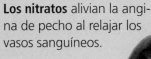

Efectos colaterales e interacciones

El listado de medicamentos que se utilizan para tratar la cardiopatía es largo. Cualquiera de los medicamentos puede inducir efectos colaterales, que varían desde tos y salpullido, hasta dolor de cabeza, mareo y hemorragia interna. Algunos medicamentos para el corazón también pueden interactuar en formas peligrosas con alimentos, bebidas, complementos dietéticos y otros medicamentos que se reciben.

A mayor número de medicamentos que utilices, mayor es la posibilidad de que se desarrollen efectos colaterales o interacciones indeseables. Para tratar de asegurarte que tomas los medicamentos con seguridad:

+ Lee todas las etiquetas de los medicamentos con cuidado.

+ Revisa todos los medicamentos que utilizas con tu médico, para descartar interacciones negativas potenciales.

+ Pregunta qué es lo que necesitas evitar mientras tomas los medicamentos –alimentos, bebidas, medicamentos de venta sin receta (OTC)–.

+ Entra en contacto con tu médico si se presenta algún síntoma nuevo tras el inicio del medicamento.

+ Lleva un registro de todos los medicamentos y complementos. Mantenerlos en los contenedores originales facilita su identificación.

+ Si tu medicamento se prescribe para un tiempo determinado, asegúrate de tomar todas las dosis hasta que la receta esté completa.

+ Pregunta si necesitas otras pruebas de sangre para ayudar a supervisar los efectos de tus medicamentos

+ En el caso de las mujeres embarazadas o que planean un embarazo, consulta al médico acerca de los medicamentos. Ciertos medicamentos son riesgosos durante el embarazo y la lactancia.

+ Nunca dejes de tomar el medicamento ni cambies la dosis sin consultarlo con tu médico.

+ Es necesario que sepas cuándo es necesario llamar a tu médico o cuándo debes buscar la ayuda del servicio médico de urgencias.

¿Son seguras las estatinas?

Si padeces hipercolesterolemia, el médico podría recomendar el uso de algunos medicamentos llamados estatinas para reducirte las concentraciones totales de colesterol y también tu riesgo de un infarto de miocardio o evento vascular cerebral. Casi todos los pacientes que reciben estatinas las utilizan durante el resto de su vida. Algunas personas tienen efectos colaterales con las estatinas –los más frecuentes son dolores musculares, el dolor y la debilidad–. No debes suspender el uso de las estatinas durante algún periodo sin antes hablar con tu médico. Tu médico podría identificar algún plan terapéutico alternativo capaz de ayudarte a reducir las concentraciones de colesterol sin que se presenten efectos colaterales incómodos.

Para aliviar los efectos colaterales debidos a estatinas, el médico podría recomendar:

+ Tomar un descanso de la terapia con estatinas para identificar si tu molestia y el dolor se deben a ellas

+ Cambiar el tipo o la dosificación de la estatina que utilizas

+ Tomar otros medicamentos para reducción del colesterol en vez de estatinas

+ Utilizar complementos de la coenzima Q10 u otras sustancias naturales, como aceite de pescado, arroz con levadura roja o fibra soluble, como salvado de avena

CAPÍTULO 11

PLANEA PARA EMERGENCIAS

Al igual que puede planearse qué hacer en caso de incendio, saber qué acciones tomar si uno mismo u otra persona desarrolla una urgencia cardiaca puede hacer una diferencia de vida o muerte.

 VERDADERO O FALSO

Si tú eres testigo de que alguien se desploma y carece de respuesta, debes llamar a los teléfonos de emergencia, dar dos respiraciones boca a boca y luego iniciar las compresiones torácicas.

- Verdadero
- Falso

Falso. La respiración boca a boca no es necesaria para que un testigo provea reanimación cardiopulmonar. Ha de llamarse a los teléfonos de emergencia e iniciar las compresiones torácicas.

Ya sea que cuentes o no con un diagnóstico de cardiopatía, tiene sentido que te encuentres preparado para actuar ante un infarto de miocardio u otra emergencia relacionada con el corazón. En Estados Unidos, alrededor de 300 000 personas mueren cada año cuando su corazón deja de latir antes de llegar al hospital, o mientras se encuentran en el servicio de urgencias. Muchas de esas muertes podrían haberse prevenido por medio de una acción rápida.

Una respuesta rápida a una emergencia es mucho más fácil si has tenido tiempo para pensar de antemano qué hacer si tú mismo u otra persona experimenta síntomas de alarma. Debes considerar lo que harías si esto ocurre en tu hogar o en tu sitio de trabajo, mientras viajas o si ocurre a la mitad de la noche.

Es necesario preparar un plan de respuesta para las emergencias relacionadas con el corazón, lo que incluye conocer los números de contacto. Debes compartirlos con tu familia. En caso de urgencia, cuando existe un plan definido ahorras tiempo y es posible que salves una vida.

¡Sí puedo!

Construiré cada *paso del Plan de la Clínica Mayo para un corazón saludable* semana a semana con estos objetivos simples:

+ Memorizaré los signos y los síntomas de un infarto de miocardio.

+ Sabré qué hacer por alguien que presenta un paro cardiaco. Evaluar la posibilidad de tomar un curso de reanimación cardiopulmonar (RCP) en alguna institución de salud.

+ Integraré un plan para responder a las emergencias relacionadas con el corazón para compartir con los miembros de mi familia y amigos cercanos.

5 claves para las emergencias

Utiliza estas claves para planear qué hacer si se presenta lo peor –mientras te espera lo mejor y haces todo lo posible para reducir el riesgo de recurrir alguna vez a estos planes–.

1 **Reconoce los signos de alerta.** Tu primer paso es reconocer los signos de alerta de una emergencia relacionada con el corazón. Eso puede sonar obvio, pero la mayoría las personas desconoce los signos y los síntomas de un infarto de miocardio. No es como en una película de Hollywood, donde la persona se lleva la mano hacia la el pecho y cae. Un infarto de miocardio de manera característica inicia con lentitud, con dolor leve.

Emergencia por infarto de miocardio. La angina de pecho es el síntoma clásico, pero con frecuencia no se percibe como la gente lo espera. Más que un dolor intenso y súbito, puede iniciar de forma gradual y percibirse como una presión incómoda en el centro del pecho. El malestar dura algunos minutos, o desaparece y luego reincide.

- Malestar torácico
- Malestar o dolor en la mandíbula, el cuello, la espalda, los brazos o el estómago
- Dificultad para respirar (disnea)
- Debilidad, sensación de inestabilidad o pérdida de la conciencia
- Sudoración fría
- Náusea o vómito

Emergencia por hipertensión. La presión arterial en extremo elevada puede generar una emergencia. Si no se recibe tratamiento, la crisis puede conducir a un evento vascular cerebral, un infarto de miocardio u otros problemas que pongan en riesgo la vida.

- Dolor en el pecho
- Dificultad para respirar (disnea)
- Dolor en la espalda
- Adormecimiento o debilidad
- Cambios de la visión
- Dificultad para hablar

Emergencia por *insuficiencia* cardiaca

La insuficiencia cardiaca puede generar una acumulación súbita de líquido en los pulmones, que ponga en riesgo la vida.

- Dificultad para respirar o sensación de sofocación
- Sonido similar al de las burbujas, silbante o jadeante al respirar
- Expulsión de secreciones rosadas y espumosas al toser
- Dificultad para respirar aunada a sudoración intensa
- Coloración azulada o grisácea en la piel
- Caída intensa de la presión arterial que genera sensación de inestabilidad, mareo, debilidad o desmayo

Pregunta a tu médico si existen otros síntomas de emergencia de los que debas estar consciente, y si existe información, como un listado de tus medicamentos, que necesites tener a la mano en caso de acudir con urgencia al hospital.

2 **La demora es letal.** Si observas signos y síntomas que podrían revelar una urgencia cardiaca, es necesario actuar de inmediato al llamar al teléfono de atención de urgencias. No debes conducir tu automóvil al hospital o solicitar a algún miembro de la familia o amigo que lo haga, a menos que se trate de la única opción.

Incluso si no estás seguro de que se trata de un infarto de miocardio, siempre que algo se sienta distinto es necesario revisarlo. La primera hora tras un infarto de miocardio es la más peligrosa debido a que puede desarrollarse un ritmo cardiaco irregular, que conduzca al paro cardiaco súbito.

Además, el tratamiento es más efectivo cuando se administra en el transcurso de 1 hora del inicio de los signos y los síntomas. Incluso si el corazón deja de latir, el personal de urgencias muchas veces puede aplicar una descarga para reiniciar el latido cardiaco y salvar la vida.

Por desgracia, muchas personas esperan demasiado tiempo para solicitar ayuda médica –la mitad de las víctimas de un infarto de miocardio espera 2 horas o más antes de acudir a un servicio de urgencias–. Pueden postergar la solicitud de ayuda debido a que no reconocen los síntomas, no desean molestar a otros, se sienten apenados por las molestias que causan, o les preocupa que los síntomas sean una falsa alarma. Algunos individuos

Enfoque del especialista:

Roger D. White, M.D., es un experto en anestesiología en la Clínica Mayo.

Los testigos muchas veces no hacen nada cuando una persona deja de responder, no obstante, aún intente respirar. El jadeo dura poco tiempo, pero se trata de un periodo crítico debido a que el corazón dejó de latir. Eso ya se considera un paro cardiaco. Debe llamarse al servicio de urgencia y comenzar de inmediato las compresiones torácicas.

temen aceptar que los síntomas podrían ser graves, o piensan que se deben a algo más.

3 **Inicia la reanimación cardiopulmonar si alguien está en problemas.** Cualquier persona puede ayudar a salvar una vida, incluso si carece de entrenamiento para la reanimación cardiopulmonar (RCP). Existe una técnica nueva de RCP que sólo recurre al uso de las manos, es fácil aprender y puede mejorar de forma drástica las posibilidades de sobrevivencia. Si se observas a un adulto desplomarse de manera súbita, esto es lo que puedes hacer:

+ Verifica si la persona se encuentra consciente. Si al parecer está inconsciente, debe determinarse si responde a la voz ("¿Está usted bien?") y tocar su hombro. Si la persona no responde, debes llamar al servicio de urgencia o enviar a alguien para que lo haga.

+ Gira a la persona para que quede sobre su espalda. Híncate junto a la persona, al lado del cuello y los hombros.

+ Prepárate para iniciar las compresiones torácicas. Coloca tus manos, una sobre la otra, sobre el centro del tórax. Mantén los codos estirados, y ubica los hombros a la misma altura que las manos.

+ Empuja con fuerza y rapidez, para comprimir el tórax por lo menos 5 cm (2 pulgadas). Utiliza el peso de tu cuerpo al tiempo que presionas en línea recta hacia el suelo. Permite que el tórax se eleve sin retirar las manos. Comprime

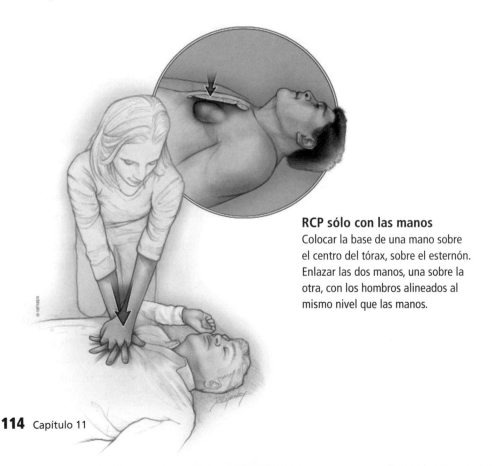

RCP sólo con las manos
Colocar la base de una mano sobre el centro del tórax, sobre el esternón. Enlazar las dos manos, una sobre la otra, con los hombros alineados al mismo nivel que las manos.

con una frecuencia de 100 veces por minuto o más.

+ Mantén estas acciones sin interrupción hasta que llegue la ayuda médica o bien hasta que la persona muestre signos evidentes de recuperación. Si te sientes cansado y hay alguien más cerca, debes pedirle que te sustituya, al tiempo que se mantienen las interrupciones al mínimo.

La RCP convencional combina las compresiones torácicas con la respiración boca a boca. Si tienes entrenamiento en RCP convencional y te siente seguro para utilizarla, debes seguir esta técnica.

La RCP en que sólo se utilizan las manos simplifica el proceso si no tienes entrenamiento en RCP convencional o si te sientes incómodo con el contacto boca a boca. Se ha demostrado que es una técnica tan efectiva como la RCP convencional durante los primeros minutos de una emergencia cardiaca

No debe utilizar la RCP en que sólo se utilizan las manos en caso de:

✔ Neonatos, lactantes y niños menores de 8 años
✔ Personas que se desmayan por tener problemas respiratorios, una sobredosis de drogas o ahogamiento

065 Paro cardiaco súbito

Un paro cardiaco súbito no es lo mismo que un infarto de miocardio. El infarto de miocardio ocurre cuando la irrigación sanguínea al corazón se suspende. En el paro cardiaco los impulsos eléctricos en el corazón son caóticos, rápidos o se detienen del todo, lo que hace que el corazón deje de latir. La RCP es crítica para el manejo del paro cardiaco.

✔ Si encuentras a alguien que ya estaba inconsciente y que no respira

En estos casos, es posible que la persona se beneficie más con la RCP convencional.

El punto es: hay que estar preparado. La posibilidad de sobrevivencia de una persona que cae en paro cardiaco puede duplicarse o triplicarse si algún testigo inicia la RCP antes de que lleguen los servicios médicos de emergencia.

4 **Usa la desfibrilación de ser necesario.** La RCP puede ser un paso vital en el proceso de salvar la vida, y puede mantener cierta cantidad de sangre fluyendo hacia el corazón y el cerebro durante un periodo corto.

" Muy pocas personas que pasan por lo que me ocurrió logran salir con vida"

Nombre: Howard

Evento: una tarde fría de invierno, Howard, un chef de 54 años, iba hacia una tienda de abarrotes. Experimentó paro cardiaco justo fuera de la tienda y cayó sobre la banqueta.

Resultado: los voluntarios que acudieron primero y el personal de emergencia tomaron turnos para completar una maratón de RCP y descargas con un desfibrilador durante 96 minutos –30 minutos más de cualquier otro caso documentado antes del paro cardiaco fuera del hospital–. "Después de sobrevivir a esto, todavía trato de descubrir qué propósito tiene mi vida", dice Howard. "Sé que deseo ayudar a cualquier persona que me sea posible, y hacer algo significativo. Espero que contar mi historia dé un impulso nuevo a la RCP".

Aún así, si el latido cardiaco se vuelve demasiado rápido o caótico –lo que podría poner la vida en peligro– la única opción para recuperar el ritmo normal es la desfibrilación.

Es posible que hayas visto este procedimiento en los programas de televisión médicos, cuando una persona recibe una descarga y se reanima después de que un médico grita "Todos atrás", y luego aplica una o más descargas eléctricas sobre el tórax.

Un desfibrilador externo automático (DEA) es un aparato portátil pequeño que detecta el ritmo cardiaco. Si identifica un ritmo anormal que puede corregirse, aplica una descarga eléctrica que reestablece el ritmo cardiaco normal, lo que podría salvar la vida. Sin embargo, el DEA sólo funciona para ciertos tipos de problemas del ritmo.

Además de ser llevados por la policía y el personal de las ambulancias, en Estados Unidos los DEA se encuentran disponibles con frecuencia en muchos sitios públicos, como los centros comerciales, los edificios de oficinas, los estadios deportivos, las canchas de golf, los aeropuertos, y los centros comunitarios o para adultos mayores.

No se requiere entrenamiento especial para el uso de un DEA. Se acompañan de instrucciones y cuentan con una voz electrónica que da indicaciones, y describe en tiempo real y paso a paso la guía para realizar el proceso.

Si es necesario utilizar un DEA en alguna persona, resulta crítico que llames antes a los teléfonos de emergencia. Debes iniciar la RCP antes de utilizar el DEA. Es posible que necesites reiniciar la RCP después de aplicar una descarga si la persona sigue sin respuesta.

Existen DEA para uso casero que pueden adquirirse sin receta médica. Pero primero debes hablar con tu médico en torno a las ventajas y las desventajas de poseer uno. Para la mayor parte de las personas con riesgo alto de presentar muerte cardiaca súbita, los médicos recomiendan un desfibrilador cardioversor implantable de preferencia a un DEA.

5 **Involucra a la familia.** Si algo te pasara, ¿saben los miembros de tu familia qué hacer? Estas son algunas recomendaciones para que estén listos para apoyar:

✚ Habla con tu familia acerca de los signos de advertencia de un infarto de miocardio y la importancia de llamar de inmediato para solicitar ayuda médica.

Curso RCP

Consulta en la Cruz Roja o en otra institución si puedes tomar cursos presenciales o por internet de RCP:

www.cruzrojamexicana.org.mx

✚ Explica a los miembros de tu familia que deben llamar al servicio médico de urgencias local en lugar de intentar trasladarte al hospital.

✚ Indica con antelación quién quedará encargado del cuidado y atención de tus hijos u otros familiares en caso de urgencia. El personal de los servicios médicos de urgencia por lo general contacta a un familiar o amigo para llevar a cabo arreglos de emergencia para tus dependientes.

✚ Piensa la posibilidad de dejar por escrito un plan de supervivencia de un infarto de miocardio y guardarlo en tu cartera o en el bolso. Éste debe incluir información médica vital, como los medicamentos que tomas, cualquier tipo de alergia, datos para contactar a tu médico y de la persona que estará a cargo en caso de urgencia.

CAPÍTULO 12

DISFRUTA LA VIDA

Una vida saludable no es cuestión de tan sólo conseguir las cifras adecuadas. También se trata de relajarse y divertirse, amar y reír. Descubre lo que genera alegría y satisfacción.

? VERDADERO O FALSO

Los episodios frecuentes de ira intensa incrementan el riesgo de infarto de miocardio.

- Verdadero
- Falso

Verdadero. Los estudios demostraron que la ira intensa e irresoluta incrementa el riesgo de infarto de miocardio. La buena noticia: se encontró que reír es beneficioso para tu corazón.

Es posible dar seguimiento al número de raciones de verduras y frutas que consumes, el número de minutos que practicas ejercicio y el número de horas que duermes. Es más difícil asignar una cifra a la relajación. De manera idónea, todas las actividades que haces por el corazón deben ser disfrutables –el *Plan de la Clínica Mayo para un corazón saludable* no pretende ser un castigo o "una cadena perpetua"–. De hecho, disfrutar la vida es una clave importante para la salud cardiaca.

Al igual que tu constitución genética, el acondicionamiento físico y los hábitos de estilo de vida influyen sobre tu salud cardiaca, lo mismo hacen las condiciones mentales y emocionales. La falta de confianza, la hostilidad, el estrés crónico, el pesimismo, la desesperanza y la falta de contacto social se vinculan con los problemas cardiacos. Al otro lado de la moneda, el optimismo, el interés en otros, el apoyo social y el sentido del humor pueden reducir tu riesgo de cardiopatía y muerte.

No es posible esperar cambiar todo en tu vida para mejorar. Pero es posible utilizar la alegría y la satisfacción para reforzar tu autoimagen, amortiguar el impacto de los eventos estresantes y mantener los problemas molestos en perspectiva.

¡Sí puedo!

Construiré cada paso del *Plan de la Clínica Mayo para un corazón saludable* semana a semana con estos objetivos simples:

+ Tomaré 10 minutos para mí mismo cada día, con el objetivo de hacer algo que disfrute, como leer, trabajar en un pasatiempo o escuchar música.

+ Encontraré una oportunidad para ofrecerme como voluntario en la comunidad, incluso si sólo se trata de un par de horas el fin de semana.

+ Entraré en contacto con los amigos –llamarles, enviarles correos electrónicos o encontrarme con ellos para una caminata o una comida–.

5 claves para disfrutar la vida

No es tan fácil como activar un apagador, pero puedes aprender a ser más feliz –para sentir mayor conexión y menos estrés, para mantener una perspectiva optimista–.

1 **Intégrate a una red de apoyo social.** Para muchas personas, las relaciones aportan el significado y el propósito más sólidos en la vida. El apoyo social –el bienestar emocional y la ayuda práctica que se obtienen de la familia, los amigos, los colegas y la comunidad– no sólo aporta un sentido de pertenencia, autoestima y seguridad, sino te ayuda a mantenerte bien.

La gente con redes de apoyo sólidas tienen menor probabilidad de desarrollar cardiopatía que las personas con apoyo social deficiente. En caso de presentar un infarto de miocardio, el apoyo puede favorecer la recuperación y la calidad de vida, particularmente las mujeres.

Estas sugerencias pueden ayudar a fortalecer tu red de apoyo:

+ **Hazte voluntario.** Únete a una causa que sea importante para ti. Encontrarás personas que comparten intereses y valores similares a los tuyos. Brindar ayuda a otros puede bajar tu tensión y reducir tu riesgo de problemas cardiacos.

+ **Únete a un club.** Echa un vistazo al centro comunitario, al estudio de yoga o al club de exploración o ciclismo. Constituye un grupo para caminata –harás amigos al tiempo que practicas ejercicio–.

+ **Toma una clase.** Inscribirte en una clase o taller por medio de una universidad local o un centro comunitario te pone en contacto con otras personas que comparten intereses u objetivos similares.

+ **Participa en una comunidad de fe.** Muchos centros de culto ofrecen pláticas semanales o cuentan con grupos de apoyo.

+ **Busca en línea.** Participar en redes sociales electrónicas te puede ayudar a mantenerte en contacto con los amigos y la familia. Debes asegurarte de participar en sitios con buena reputación y tener cautela al hacer citas personales.

Una prioridad es hacer relaciones con la familia y los amigos. Cuanto más tiempo inviertas en las relaciones interpersonales, más disposición tendrá la gente para darte apoyo cuando lo requieres. Aquí se muestran algunas recomendaciones para nutrir tus relaciones:

+ **Muestra aprecio.** Haz a la familia y a los amigos saber, tanto con palabras como con acciones, lo importantes que son para ti; agradéceles, habla con ellas y déjales saber que estás contento porque forman parte de tu vida. Acompáñalos cuando necesitan apoyo.

+ **Ve el lado bueno de la gente.** Acepta a los otros por lo que son, sin juicios. Regresarán el favor algún día.

+ **Mantente en contacto.** Muestra interés al contestar las llamadas telefónicas y los correos electrónicos, y responde a las invitaciones

+ **Sé bueno para escuchar.** Escucha sin ofrecer opiniones de inmediato. Descubre lo que es importante para tus amigos. Evita convertir las conversaciones en una competencia –lo único que ellos necesitan es un oído amigo–.

+ **No exageres.** Procura no saturar a la familia y a los amigos con llamadas y correos electrónicos. Reserva esos periodos de demanda intensa para el momento en que en realidad los necesites.

+ **Rodéate de apoyo.** Mantente en torno a personas positivas y que llevan un estilo de vida saludable. Aléjate de personas que drenan tu energía, son negativas de manera constante, o tienen comportamientos no saludables, como abusar de alcohol o sustancias.

2 **Relájate y diviértete.** Ya sea que tengas muchas ocupaciones o tareas, o te sientas aburrido o improductivo, es necesario que dediques tiempo cada día para relajarte y disfrutar. De ser posible, relájate por lo menos 15 a 30 minutos todos los días, pero incluso un descanso de 5 minutos es rejuvenecedor.

+ **Programar tiempo para las actividades de ocio.** No debes sentir culpa en torno a la relajación –es una opción para combatir el estrés y mantenerte saludable–. Lee, haz jardinería, escucha música, toma un baño, socializa, o practica juegos con tu familia o amigos.

+ **Practica técnicas para relajación.** Las técnicas como la meditación, el yoga, el taichí, el masaje, la respiración profunda y la integración guiada de imágenes generan una respuesta positiva que contrarresta los efectos del estrés. Al igual que cualquier otra habilidad, la relajación implica práctica para aprenderse y dominarse. Selecciona algo que disfrutes y apégate a ello.

+ **Ríe.** Tener sentido del humor se siente bien, alivia la tensión y refuerza tu sistema inmunitario. Invierte tiempo con las personas que te hacen reír. Ve una película de comedia o comparte chistes. Incluso si te sientes forzado al inicio, practica la risa.

+ **Adopta una mascota.** La compañía animal puede ser buena para tu cuerpo y alma. Acariciar a un gato, jugar con un perro o escuchar el canto de las aves puede ser relajante y placentero.

Enfoque del especialista:

Amit Sood, M.D., es un experto en medicina interna y medicina complementaria e integradora en la Clínica Mayo.

La relajación puede reforzar la salud cardiaca de distintas formas. Desde la perspectiva biológica, la relajación disminuye la carga de estrés que se coloca sobre tu corazón al modificar la respuesta de lucha o fuga. Tomar tiempo para relajarse también ayuda a mejorar el sueño, y puede hacerte menos tendiente a comer o beber en exceso, o participar en otras conductas que no son saludables. Por último, la relajación te ayuda a involucrarte en relaciones más significativas, una clave para la salud cardiaca.

③ Reduce el estrés. El estrés deriva de la vida. Se dice que cierto grado de estrés puede ser útil o divertido, como cuando te preparas para una entrevista de trabajo o para participar en un juego de competencia. Pero con frecuencia las discusiones, las demandas y los cambios cotidianos te dejan en el límite. La respuesta de tu organismo al estrés –que se conoce como reacción de lucha o fuga– se queda atorada en sobremarcha. El estrés de este tipo a largo plazo te pone en riesgo de desarrollar problemas cardiacos.

Si como bien sabemos es imposible eliminar por completo el estrés de tu vida, sí puedes controlar su impacto. Los elementos centrales del *Plan de la Clínica Mayo para un corazón saludable* –en particular la actividad física y el sueño– aportan alivio endógeno del estrés. También pueden serte útiles otras estrategias.

Identificar las causas del estrés.
¿Estás tratando de hacer demasiado? ¿Para muchas personas? ¿Con muy poco? Integra un listado con los 10 retos principales que desencadenan estrés. Los cambios importantes en la vida, como el divorcio, una casa nueva, un trabajo nuevo o la muerte de una persona querida, de manera característica suben los niveles de estrés hasta el techo. Otros factores que causan estrés son los conflictos familiares, las fechas límite, los jefes demandantes, las malas noticias inesperadas y todas aquellas

situaciones sociales con las que no se está familiarizado.

Reconoce las reacciones negativas. Los estallidos de ira, el consumo excesivo de alcohol, el tabaquismo, el uso de drogas, el consumo excesivo de alimentos, la falta de administración de los medicamentos, el descuido de la responsabilidad, la preocupación excesiva, el pesimismo y los aplazamientos pueden ser reacciones negativas al estrés. Estas reacciones no resuelven el estrés e incluso pueden intensificarlo.

Si tienes una tendencia a cualquiera de estas conductas, debes aprender vías más positivas para el control del estrés.

+ **Aceptar las cosas que no puedes cambiar.** Si estás envejeciendo, o si tienes insuficiencia cardiaca –estas son cuestiones que no puedes cambiar–. Pero aún así es posible mantenerte saludable y activo. Puedes seguir aprendiendo cosas nuevas y ayudar a otros.

+ **Desacelera y retrocede.** Regula tu propio paso. Date tiempo para completar las tareas importantes. Busca responsabilidades que puedes reducir o delegar a alguien más. Aprende a decir no –está bien no aceptar todas las solicitudes que llegan–.

+ **Organízate.** Recurre a listados, tablas y recordatorios para asignar prioridades a las tareas cotidianas. Sepáralas en pasos más pequeños si es necesario. Lleva un horario escrito. Evita la acumulación al conservar sólo las cosas que necesitas.

+ **Planea con anticipación.** Piensa con antelación en torno a los cambios que pueden surgir, y la forma en que responderías a ellos. Propón ideas para resolver los problemas cuando aparezcan. Si piensas que no van a ser importantes en 5 años, alístate para seguir adelante.

+ **Reduce el exceso de información.** Descansa de las muchas pantallas en la vida –televisión, computadora, teléfono–. Disfruta momentos de silencio y tiempo ininterrumpido.

+ **Cultiva la espiritualidad.** Cualquiera que sea la forma de tu espiritualidad –observancia religiosa, oración, meditación, creencia en un poder superior– conectarte con lo que es significativo y sentirte parte de una totalidad mayor puede traer consigo paz interna y un sentido de propósito.

+ **Obtén apoyo.** Si una cuestión genera estrés, encuentra un grupo de apoyo que se enfoque en ese tema. Si tienes problemas para controlar el estrés –o si sospechas que tienes una enfermedad más grave, como ansiedad o depresión– busca ayuda profesional.

4 **Aprende a ser adaptable.** Como dice un dicho, lo único constante es que la vida cambia. Aprende cómo adaptarte a las necesidades y las situaciones cambiantes –desde los cambios menores en la rutina, como ir de vacaciones, hasta los problemas mayores, como un diagnóstico nuevo o la muerte en la familia–.

La capacidad para seguir adelante ante los golpes y adaptarse al estrés se conoce como resiliencia, una fortaleza interna que te ayuda a recuperarte de los contratiempos. Aún así es posible que experimentes ira y duelo, pero te mantienes funcionando. No se trata de endurecerte o soportarlo en solitario. De hecho, solicitar apoyo de otros es un componente clave de la resiliencia.

La resiliencia no hace que los problemas se vayan, pero puedes ver más allá de ellos y seguir disfrutando la vida. Si no tienes tanta resiliencia como desearías, puedes desarrollar habilidades para lograrlo.

+ **Haz que cada día sea significativo.** Haz algo que te confiera un sentido de propósito. No pospongas el goce debido a que esperas ese día elusivo

Enfrentarse a las recaídas

Estás haciendo un avance constante en tus objetivos para un corazón saludable, pero entonces pierdes la resolución y reincides en los hábitos previos no saludables. Es necesario evitar ser demasiado duro contigo mismo. Las recaídas ocurren, pero son temporales –sólo son topes en la carretera–, y puedes recuperar el camino.

+ No permitas que los pensamientos negativos tomen el control –los errores se cometen–. Considera cada día como una posibilidad para iniciar de nuevo.

+ Identifica con claridad el problema, luego piensa en soluciones posibles. Los cambios discretos de las conductas pueden hacer diferencias grandes en tu vida.

+ Solicita ayuda. Voltea hacia otros para solicitar refuerzo cuando tengas días difíciles.

+ Revisa las metas de forma periódica para asegurarte de que no son el problema –deben seguir siendo realistas–.

en que la vida sea tranquila y menos estresante.

+ **Aprende de la experiencia.**
Recapacita sobre las formas en que has superado las dificultades en el pasado. ¿Cuáles fueron las estrategias que te ayudaron durante esos periodos difíciles? Mantén las cosas en perspectiva. Es posible que lo que hoy es un reto en el futuro se convierta en un beneficio.

+ **Mantén la esperanza.** No es posible cambiar el pasado, pero puedes ver hacia el futuro. Anticipar y aceptar los cambios que te esperan puede facilitar tu adaptación a los nuevos retos.

+ **Sé proactivo.** No ignores los problemas o desees que desaparezcan. Por el contrario, descubre lo que necesitas hacer y establece un plan para resolverlos.

5 **Encuentra un equilibrio realista.** Al tiempo que te concentras en tu salud cardiaca, no esperes la perfección. En este viaje de toda la vida, experimentarás altibajos. Si se te dificulta una parte de tu plan –quizá no has logrado perder peso o todavía no consigues ejercitarte– evita la tendencia a pensar que has fracasado y desistir de todo.

La salud cardiaca no es una propuesta de todo o nada. Y si esto no funciona, intenta algo más. Sé realista sobre lo que es mejor para ti. Acepta un cómodo punto medio entre hacer todas las cosas a la perfección y no hacer nada en absoluto.

Desarrolla el hábito del optimismo –busca siempre el lado positivo de cada situación–. Y aprende a convertir los pensamientos negativos en positivos. Si piensas "nunca conseguiré ser mejor", sustituye ese pensamiento con "Hay tantas cosas que todavía puedo lograr". En lugar de pensar "Todo resulta mal", piensa "Puedo manejar la situación si hago una cosa a la vez".

El proceso de funcionamiento hacia tus objetivos trae satisfacción y un sentido de propósito. Con el tiempo, tus nuevos comportamientos saludables se convertirán en hábitos. Notarás que te sientes mejor y que disfrutas más la vida.

Utiliza el *Plan de la Clínica Mayo para un corazón saludable* de por vida

¡Felicidades! Ya trabajaste el *Plan de la Clínica Mayo para un corazón saludable*. Ahora debes contar con el conocimiento y las herramientas esenciales que necesitas para reducir el riesgo de cardiopatía y mejorar tu salud cardiaca. Este plan se integró de acuerdo con tus especificaciones, con base en tus necesidades, y se moldeó a partir de tus objetivos que derivaron de cada capítulo.

Por el momento, debes tomar tiempo para reflexionar sobre todo lo aprendido. Tú has construido tu plan personal en distintos pasos, pero quizá tengas conciencia de qué tan cercanos e interdependientes son estos pasos. Ese es justo el punto: es la combinación de pasos, no cada paso por sí mismo, lo que constituye un fundamento sólido para tu salud cardiaca.

También tómate un tiempo para determinar la calidad de los resultados entre un paso y otro en el programa. ¿Qué pasos u objetivos fueron más fáciles para ti? ¿Qué pasos u objetivos te generaron dificultades? Debes buscar estrategias para resolver cualquier obstáculo que podría estar deteniendo tu avance.

Más importante aún, debes celebrar el hecho de que llegaste hasta este punto de tu misión para lograr un corazón saludable. Un elemento clave del plan –el "pegamento" que mantiene todo junto– es en qué grado disfrutas lo que haces. Si te gusta tu plan y los cambios que hizo en tu vida, entonces tienes mayor probabilidad de mantenerte comprometido con tus metas. Nunca debes restar importancia al gozo.

Al tiempo que miras hacia delante, establece objetivos a largo plazo para ti mismo. Revisa estos objetivos con tu médico. Asegúrate de que las metas sean alcanzables. No olvides recompensarte cada vez que alcanzas uno de tus objetivos. Las recompensas son grandes motivadores.

Delinear una ruta para el futuro

Mis metas nutricionales son:
comer más frutas frescas y verdu... y menos carnes rojas.

Mis metas de actividad son:
ver menos televisión y ejercitarme más... caminar después de la comida.

Mi número mágico es: 8

Mi fecha para dejar de fumar es: 1 de enero

Mi peso saludable es: 84 kg

Mi meta de presión arterial es: 110/75

Mis metas de colesterol son:
HDL de 70 y LDL de 100

Mi plan para disfrutar la vida es:
no sufrir por cuestiones pequeñas, disfrutar a mi familia y mis amigos, tener la actitud correcta y ¡ESTAR SALUDABLE!

✓ Tengo mis antecedentes médicos familiares

✓ Tengo un listado de todos mis medicamentos

✓ Sé aplicar RCP

✓ Cuento con un plan para emergencias

CAPÍTULO 13

CÓMO FUNCIONA TU CORAZÓN

Es posible que tú sepas que tu corazón bombea sangre hacia todo tu organismo, pero quizá desconoces qué tan complejo es en realidad su funcionamiento. El corazón cuenta con cuatro cámaras independientes y cuatro válvulas, que funcionan como puertas de un solo sentido para mantener a la sangre fluyendo en una dirección apropiada. El corazón tiene su propio sistema eléctrico, que desencadena cada latido cardiaco.

El corazón bombea cerca de 5 litros de sangre por minuto, y late alrededor de 100 000 veces por día. No sólo aporta sangre a sus propios tejidos, sino a cada célula del organismo, por medio de una red cerrada de 96 500 kilómetros (60 000 millas) de arterias, venas y capilares. El mantenimiento de esta provisión de sangre a todas las regiones del organismo es lo que hace que la salud cardiaca sea tan importante.

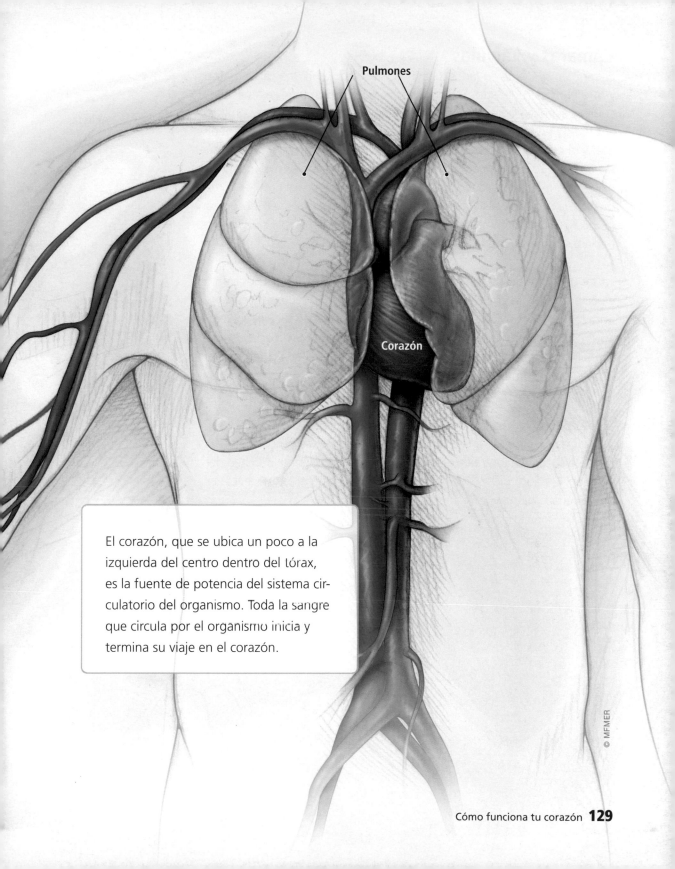

Pulmones

Corazón

El corazón, que se ubica un poco a la izquierda del centro dentro del tórax, es la fuente de potencia del sistema circulatorio del organismo. Toda la sangre que circula por el organismo inicia y termina su viaje en el corazón.

© MFMER

Cámaras y válvulas

El corazón se divide en lados derecho e izquierdo, con una cámara arriba y otra abajo a cada lado. El lado derecho del corazón (que se muestra en color azul en la página 131) es responsable de recibir la sangre con bajo contenido en oxígeno y con productos de desecho que llega del organismo, y la envía a los pulmones. El lado izquierdo del corazón (que se muestra en color rojo en la página 131) recibe la sangre con alto contenido en oxígeno que proviene de los pulmones, y la bombea para proveer combustible a cada célula del organismo. Las cámaras superiores del corazón (aurículas) fungen como espacios colectores antes de que la sangre pase hacia las cámaras inferiores de bombeo (ventrículos).

La sangre debe desplazarse sólo en una dirección a través del corazón, y no regresar. Cuatro válvulas –válvulas tricúspide, mitral, pulmonar y aórtica– funcionan como puertas de seguridad de una sola vía, que se abren sólo cuando son empujadas por la sangre que fluye hacia la cámara siguiente. Cada válvula se abre y se cierra una vez en cada latido cardiaco, lo que se aproxima a una vez por segundo (ver las imágenes en detalle de la derecha).

El corazón es un órgano muscular con tamaño cercano al del puño. Los músculos son parte de una capa gruesa de tejido que se conoce como miocardio, que se contrae y relaja para producir la acción de bombeo del corazón. El miocardio es una de las partes del corazón a las que afecta la enfermedad con mayor frecuencia.

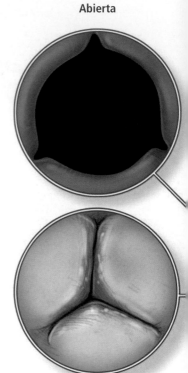

Abierta

Cerrada

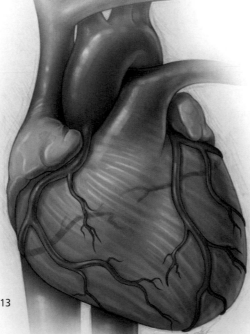

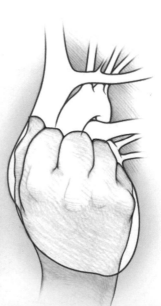

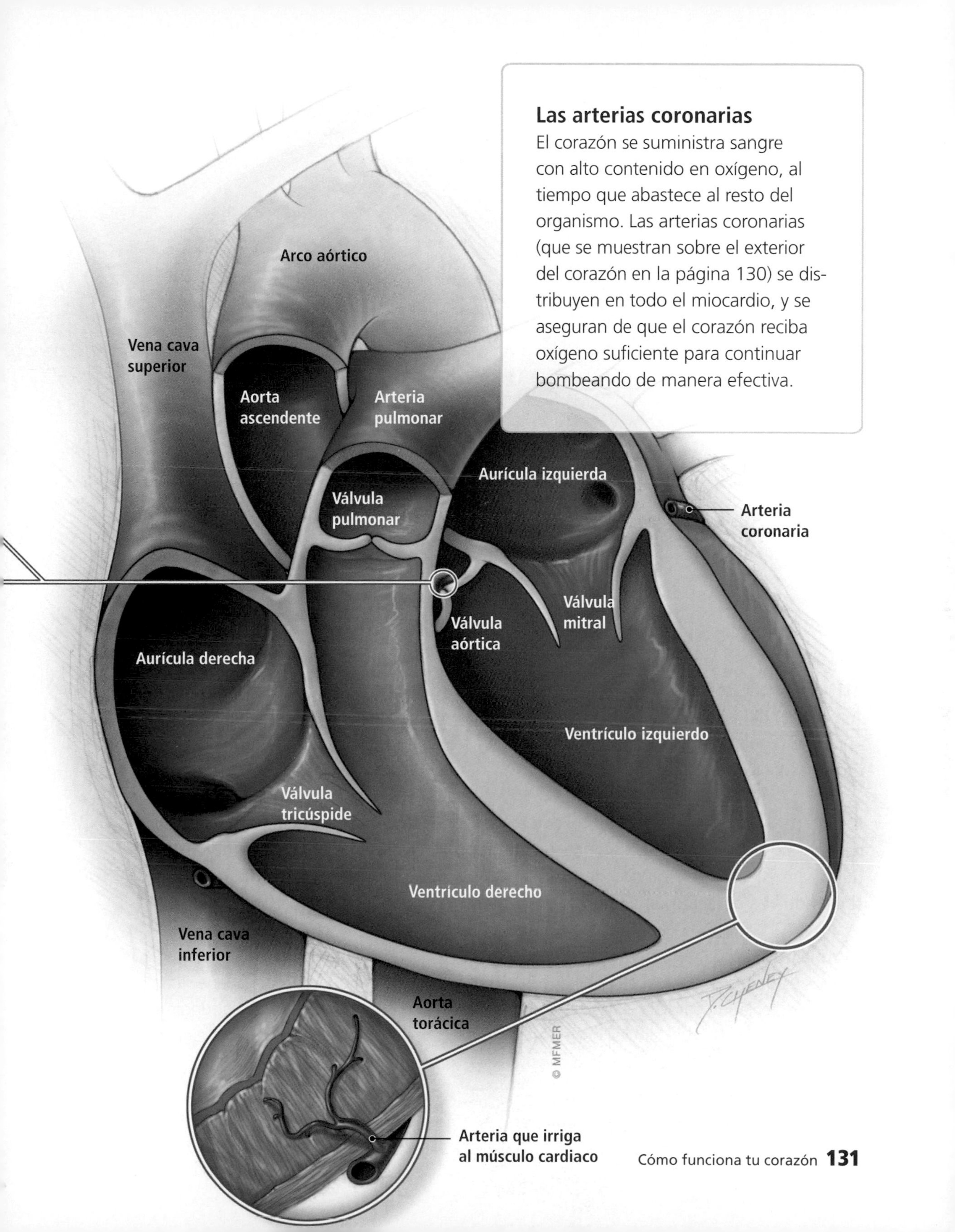

Arco aórtico

Vena cava superior

Aorta ascendente

Arteria pulmonar

Válvula pulmonar

Aurícula izquierda

Arteria coronaria

Válvula aórtica

Válvula mitral

Aurícula derecha

Ventrículo izquierdo

Válvula tricúspide

Ventrículo derecho

Vena cava inferior

Aorta torácica

Arteria que irriga al músculo cardiaco

Las arterias coronarias

El corazón se suministra sangre con alto contenido en oxígeno, al tiempo que abastece al resto del organismo. Las arterias coronarias (que se muestran sobre el exterior del corazón en la página 130) se distribuyen en todo el miocardio, y se aseguran de que el corazón reciba oxígeno suficiente para continuar bombeando de manera efectiva.

© MFMER

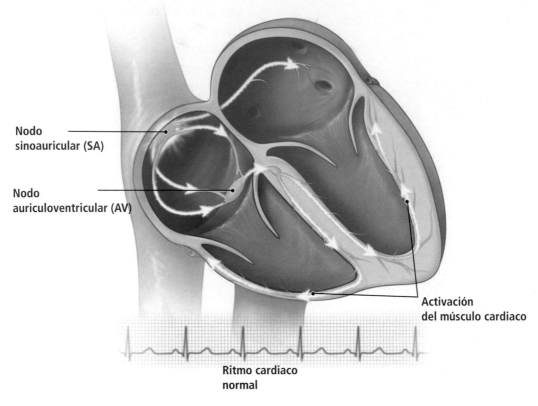

**Nodo
sinoauricular (SA)**

**Nodo
auriculoventricular (AV)**

**Activación
del músculo cardiaco**

**Ritmo cardiaco
normal**

Tu latido cardiaco

Tu corazón tiene un sistema de cableado eléctrico integrado que activa un latido cardiaco
–un ciclo regular y coordinado que hace que las cámaras de tu corazón se relajen y contrai-
gan, y así bombeen la sangre–.

El ciclo comienza en el nodo sinusal, que en ocasiones se denomina tu marcapaso natural
del corazón. El nodo sinusal es de hecho un grupo de células que se ubica en tu aurícula
derecha. Las células en el nodo generan un impulso eléctrico, que se desplaza entonces
siguiendo vías de tejido especializado en el corazón para coordinar el latido cardiaco.

La zona del nodo auriculoventricular (AV) recibe las señales y las transmite hacia los dos ventrículos (cámaras inferiores). El nodo AV es como el cuidador de una puerta –puede reducir la
velocidad del latido cardiaco si las cámaras superiores laten demasiado rápido, o fungir como
un marcapaso si el nodo sinusal no funciona de manera apropiada–. Los impulsos eléctricos
se distribuyen hacia el músculo de tus ventrículos, lo que genera tu latido cardiaco.

Flujo sanguíneo a través del corazón

La circulación inicia cuando la sangre de tus venas ingresa a la aurícula derecha. Esta sangre ya cedió el oxígeno a las células, y recogió el dióxido de carbono y también otros desechos de todo tu organismo.

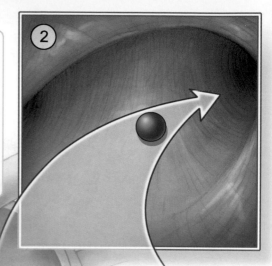

Válvula
pulmonar

Aurícula derecha

Ventrículo
derecho

Válvula
tricúspide

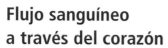

Flujo sanguíneo hacia los pulmones

A partir de la aurícula derecha de tu corazón, la sangre se desplaza a través de la válvula tricúspide hacia el ventrículo derecho (recuadro 1). Con cada latido cardiaco, la sangre es impulsada a través de la válvula pulmonar y viaja hacia los pulmones, donde libera el dióxido de carbono y recoge oxígeno fresco (recuadro 2).

Intercambio en los pulmones

La sangre viaja a través de vasos sanguíneos diminutos (capilares) en tus pulmones. Los capilares se asemejan a redes minúsculas que circundan sacos de aire (alvéolos). Cuando inhalas aire, el oxígeno ingresa por tu tráquea y llena los alvéolos.

Tráquea

Liberación del desecho

El dióxido de carbono (CO_2), un producto de desecho, se libera a través de los capilares hacia los alvéolos, y se exhala a través de tu tráquea.

Alvéolos

③ **Intercambio de gas de los alvéolos**

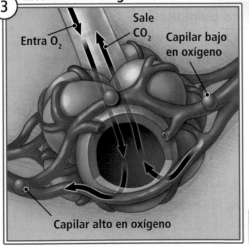

Entra O_2

Sale CO_2

Capilar bajo en oxígeno

Capilar alto en oxígeno

Captación del oxígeno

El oxígeno (O_2) en los alvéolos es capturado por los capilares. El color de la sangre cambia de *azul a rojo* debido a que contiene gran cantidad de oxígeno, el combustible para tu organismo.

Bajo en oxígeno   Alto en oxígeno

© MFMER

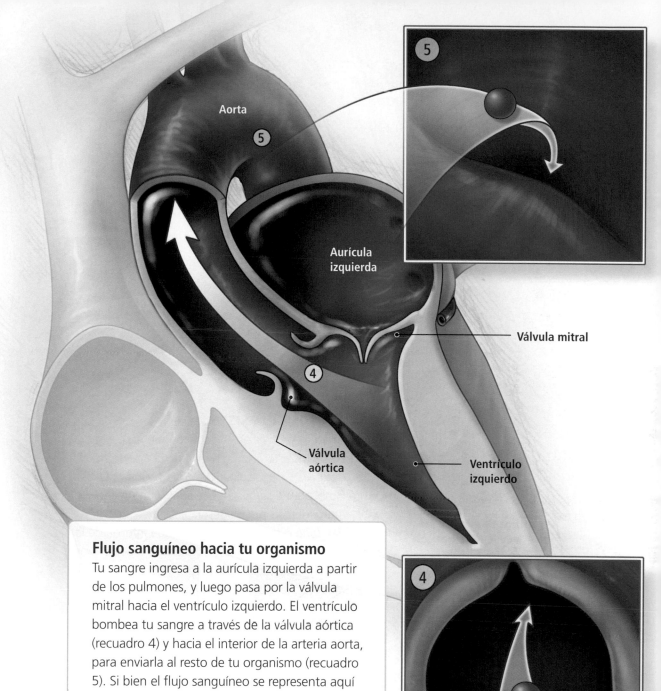

Aorta

5

Aurícula
izquierda

Válvula mitral

4

Válvula
aórtica

Ventrículo
izquierdo

Flujo sanguíneo hacia tu organismo

Tu sangre ingresa a la aurícula izquierda a partir de los pulmones, y luego pasa por la válvula mitral hacia el ventrículo izquierdo. El ventrículo bombea tu sangre a través de la válvula aórtica (recuadro 4) y hacia el interior de la arteria aorta, para enviarla al resto de tu organismo (recuadro 5). Si bien el flujo sanguíneo se representa aquí como una sola célula, tu sangre está constituida por millones de células diminutas.

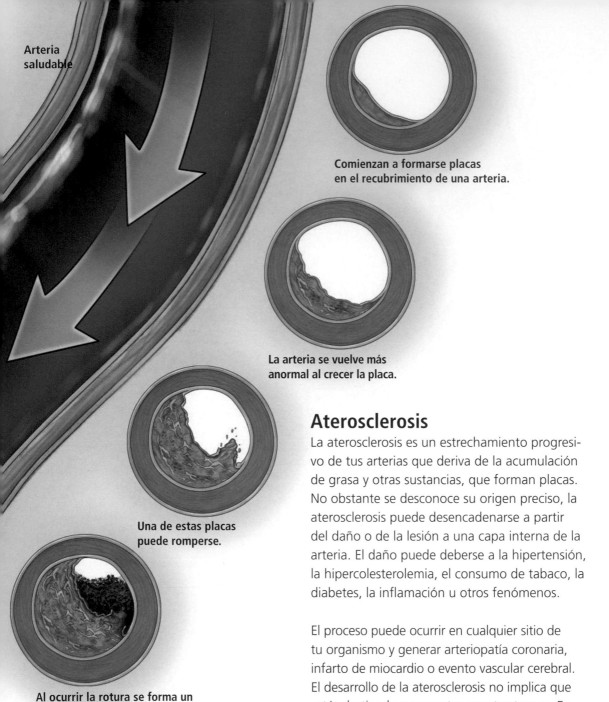

Arteria saludable

Comienzan a formarse placas
en el recubrimiento de una arteria.

La arteria se vuelve más
anormal al crecer la placa.

Una de estas placas
puede romperse.

Al ocurrir la rotura se forma un
coágulo, lo que bloquea la arteria
y limita el flujo sanguíneo.

Aterosclerosis

La aterosclerosis es un estrechamiento progresi-
vo de tus arterias que deriva de la acumulación
de grasa y otras sustancias, que forman placas.
No obstante se desconoce su origen preciso, la
aterosclerosis puede desencadenarse a partir
del daño o de la lesión a una capa interna de la
arteria. El daño puede deberse a la hipertensión,
la hipercolesterolemia, el consumo de tabaco, la
diabetes, la inflamación u otros fenómenos.

El proceso puede ocurrir en cualquier sitio de
tu organismo y generar arteriopatía coronaria,
infarto de miocardio o evento vascular cerebral.
El desarrollo de la aterosclerosis no implica que
estás destinado a presentar esos trastornos. Es
posible reducir la velocidad del proceso o revertir-
lo, y reducir el riesgo de complicaciones.

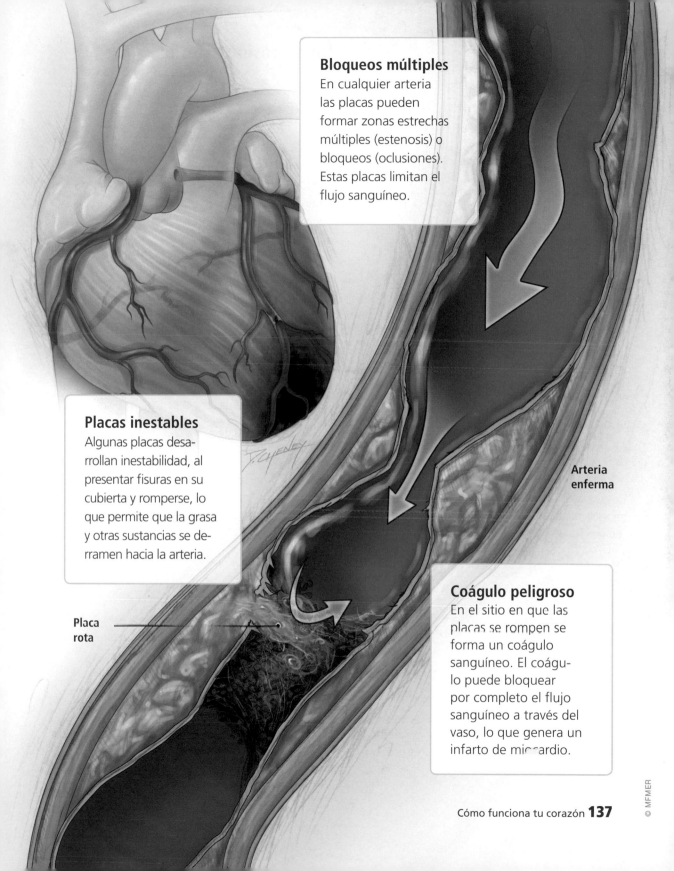

Bloqueos múltiples
En cualquier arteria
las placas pueden
formar zonas estrechas
múltiples (estenosis) o
bloqueos (oclusiones).
Estas placas limitan el
flujo sanguíneo.

Placas inestables
Algunas placas desa-
rrollan inestabilidad, al
presentar fisuras en su
cubierta y romperse, lo
que permite que la grasa
y otras sustancias se de-
rramen hacia la arteria.

**Arteria
enferma**

Coágulo peligroso
En el sitio en que las
placas se rompen se
forma un coágulo
sanguíneo. El coágu-
lo puede bloquear
por completo el flujo
sanguíneo a través del
vaso, lo que genera un
infarto de miocardio.

**Placa
rota**

© MFMER

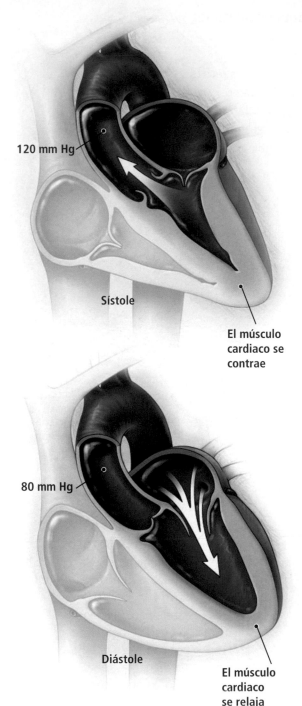

120 mm Hg

Sístole

El músculo cardiaco se contrae

80 mm Hg

Diástole

El músculo cardiaco se relaja

Hipertensión arterial

Tu corazón y los vasos sanguíneos forman un sistema cerrado que se denomina sistema circulatorio. Cuando tu corazón bombea genera presión en tus vasos sanguíneos, para desplazar la sangre a través de tu organismo. Cuando el corazón se relaja, la presión dentro de tus vasos sanguíneos disminuye. La presión que produce esta acción de bombeo es la presión arterial. Si la fuerza que ejerce la sangre contra tus paredes arteriales es demasiado elevada, puede generar finalmente un problema de salud grave, como la cardiopatía.

Sístole

En la fase de acción de tu bombeo cardiaco que se denomina sístole, tu corazón se contrae para empujar la sangre que se encuentra en los ventrículos hacia el resto de tu organismo. La presión arterial sistólica –la cifra más alta en una lectura de presión– debe mantenerse por debajo de 120 mm Hg. Si de manera constante es de 140 mm Hg o más, es probable que padezcas hipertensión arterial.

Diástole

En la fase de la acción de tu bombeo cardiaco que se denomina diástole, los músculos de tu corazón se relajan, y éste se llena de sangre. Tu presión arterial diastólica –la cifra más baja en una lectura de presión– debe mantenerse por debajo de 80 mm Hg. Si de manera constante es de 90 mm Hg o más, es probable que tengas hipertensión arterial.

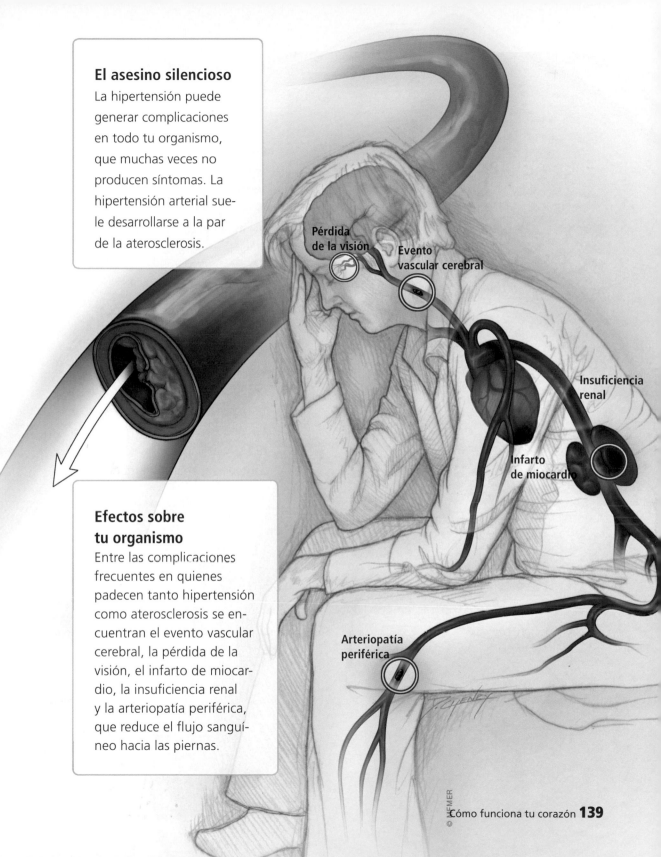

El asesino silencioso

La hipertensión puede generar complicaciones en todo tu organismo, que muchas veces no producen síntomas. La hipertensión arterial suele desarrollarse a la par de la aterosclerosis.

Efectos sobre tu organismo

Entre las complicaciones frecuentes en quienes padecen tanto hipertensión como aterosclerosis se encuentran el evento vascular cerebral, la pérdida de la visión, el infarto de miocardio, la insuficiencia renal y la arteriopatía periférica, que reduce el flujo sanguíneo hacia las piernas.

Pérdida de la visión

Evento vascular cerebral

Insuficiencia renal

Infarto de miocardio

Arteriopatía periférica

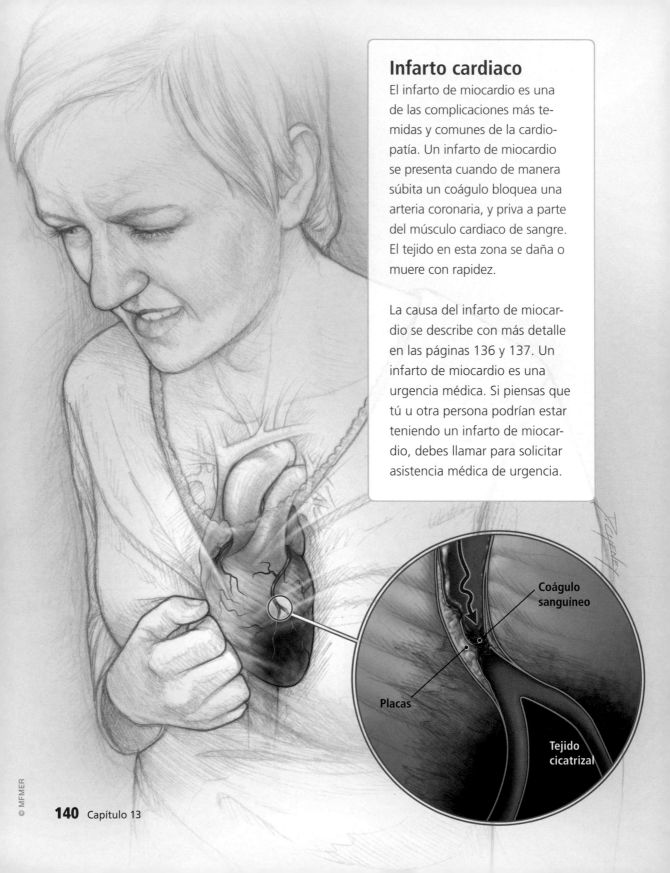

Infarto cardiaco

El infarto de miocardio es una de las complicaciones más temidas y comunes de la cardiopatía. Un infarto de miocardio se presenta cuando de manera súbita un coágulo bloquea una arteria coronaria, y priva a parte del músculo cardiaco de sangre. El tejido en esta zona se daña o muere con rapidez.

La causa del infarto de miocardio se describe con más detalle en las páginas 136 y 137. Un infarto de miocardio es una urgencia médica. Si piensas que tú u otra persona podrían estar teniendo un infarto de miocardio, debes llamar para solicitar asistencia médica de urgencia.

Coágulo sanguíneo

Placas

Tejido cicatrizal

© MFMER

Créditos de imágenes

NAME: GROGAN2.PSD/PAGE: III/CREDIT: © MAYO FOUNDATION FOR MEDICAL EDUCATION AND RESEARCH. ALL RIGHTS RESERVED – NAME: 3154838_0008. PSD/PAGE: III/CREDIT: © MFMER – NAME. FAN2016322.PSD/PAGE: IV - V/CREDIT: GETTY – NAME: 70104.PSD/PAGE: 6, 7/CREDIT: PHOTODISC/COLLECTION: PHOTODISC – NAME: LEUNGEN.PSD/PAGE: 8/CREDIT: MFMER – NAME: ROWE.PSD/PAGE: 12/CREDIT: MFMER – NAME. FAN9003024.PSD/PAGE: 14 - 15/ CREDIT: © MONALYN GRACIA/CORBIS/COLLECTION: CORBIS – NAME: FAN1006959-2.PSD/PAGE: 18/CREDIT: © GETTY/COLLECTION: GETTY – NAME: WEE_052R.PSD/PAGE: 16/CREDIT: © EYEWIRE/COLLECTION: EYEWIRE – NAME: 22588ALSRGB75.PSD/PAGE: 17/CREDIT: © STOCKBYTE/COLLECTION: STK – NAME: E000049R.PSD/PAGE: 19/CREDIT: © STOCKBYTE/COLLECTION: STK – NAME: WEE_029R.PSD/PAGE: 22/CREDIT: © EYEWIRE/COLLECTION: EYEWIRE – NAME: PAF090000043-2.PSD/PAGE: 23/CREDIT: © EYEWIRE/COLLECTION: EYEWIRE – NAME: OS31085.PSD/PAGE: 24/CREDIT: © PHOTO-DISC/COLLECTION: PHOTODISC – NAME: 327083RKNRGB75.PSD/PAGE: 26/CREDIT: © STOCKBYTE/COLLECTION: STOCKBYTE – NAME: FAN9003079. PSD/PAGE: 29/CREDIT: © MONALYN GRACIA/CORBIS/COLLECTION: CORBIS – NAME: PAF089000004.PSD/PAGE: 34/COLLECTION: PHOTOALTO – NAME: PAF089000004.JPG/PAGE: 36/CREDIT: © EYEWIRE/COLLECTION: EYEWIRE – NAME: PYRAMID.PSD/PAGE: 43, 45, 47, 49, 51/CREDIT: MFMER – NAME: MSS_863767.PSD/PAGE: 37/CREDIT: © MFMER – NAME: PAF090000049.PSD/PAGE: 37/CREDIT: © ISABELLE ROZENBAUM/COLLECTION: PHOTOALTO – NAME: BXP49850H.PSD/PAGE: 41/CREDIT: © BRAND_X_PICTURES COLLECTION/COLLECTION: BRAND_X_PICTURES – NAME: AA050708.PSD/PAGE: 42/ CREDIT: © TIM HALL/COLLECTION: DIGITAL VISION – NAME: PAF090000049.PSD/PAGE: 37/CREDIT: © ISABELLE ROZENBAUM/COLLECTION: PHOTOALTO – NAME: 8238.PSD/PAGE:43/CREDIT: © JULES FRAZIER/COLLECTION: PHOTODISC – NAME: OS49113.PSD/PAGE:43/CREDIT: © JULES FRAZIER/COLLEC-TION: PHOTODISC – NAME: BXP49850H.PSDPAGE:41/CREDIT: © JULES FRAZIER/COLLECTION: PHOTODISC – NAME: MYPLATE_WHITE.PSD/PAGE: 43/ CREDIT: © USDA – NAME: OS25006.PSD/PAGE: 45/CREDIT: © C SQUARED STUDIOS/COLLECTION: PHOTODISC – NAME: OS25058.PSD/PAGE: 43/CREDIT: © C SQUARED STUDIOS/COLLECTION: PHOTODISC – NAME: OS25028.PSD/PAGE: 43/CREDIT: © C SQUARED STUDIOS/COLLECTION: PHOTODISC – NAME: OS25092.PSD/PAGE: 43CREDIT: © C SQUARED STUDIOS/COLLECTION: PHOTODISC – NAME: 0711 PUTTANESCARICE.PSD/PAGE: 45 – NAME: OS25028. PSD/PAGE: 43/CREDIT: © C SQUARED STUDIOS/COLLECTION: PHOTODISC – NAME: GRILLEDFLANKSTEAKSALAD.PSD/PAGE: 47/COLLECTION: PHOTOAL-TO – NAME: PAF089000081.PSD/PAGE: 46/COLLECTION: PHOTOALTO – NAME: COUSCOUSSALAD.PSD/PAGE: 48 – NAME: TURKEYSLOPPYJOES-2.PSD/ PAGE: 49/ – NAME: 0911 APPLELETTUCESALAD_EH_RECIPE.PS/PAGE: 50 – NAME: MIXEDBERRYCOFFEECAKE.PSD/PAGE: 51 – NAME: BS25091.JPG/PAGE: 52/CREDIT: © SIEDE PREIS – NAME: OS28114.PSD/PAGE: 52/CREDIT: © C SQUARED STUDIOS/COLLECTION: PHOTODISC – NAME: SEN_003-2.PSD/PAGE: 52/CREDIT: © EYEWIRE COLLECTION/COLLECTION: PHOTODISC – NAME: MSS_762420.PSD/PAGE: 56/COLLECTION: PHOTODISC – NAME: E003996R.PSD/ PAGE: 55/COLLECTION: PHOTODISC – NAME: MSS_762420.PSD/PAGE: 56/COLLECTION: PHOTODISC – NAME: E003996R.PSD/PAGE: 55/COLLECTION: PHOTODISC – NAME: 62985CORCMYK75.PSD/PAGE: 49/CREDIT: © STOCKBYTE ROYALTY FREE PHOTOS/COLLECTION: STOCKBYTE – NAME: FAN9003019. PSD/PAGE: 57/CREDIT:© MONALYN GRACIA/CORBIS: COLLECTION: CORBIS – NAME: 70183.PSD/PAGE: 59/CREDIT: © RYAN MCVAY/COLLECTION: PHOTO-DISC – NAME: 00075321.PSD/PAGE: 60/COLLECTION: COMSTOCK – NAME: MSS_762420.PSD/PAGE: 50/CREDIT: © MFMER – NAME: 77097.JPG/PAGE: 62/ CREDIT: © JULES FRAZIER/COLLECTION: PHOTODISC – NAME: 124086.PSD/PAGE: 62, 63/CREDIT: © STEVE COLE/GETTY IMAGES/COLLECTION: PHOTO-DISC – NAME: 100075321.PSD/PAGE: 60/CREDIT: © STEVE COLE/GETTY IMAGES/COLLECTION: PHOTODISC – NAME: SS47056.PSD/PAGE: 64/CREDIT: © NICK KOUDIS/COLLECTION: PHOTODISC – NAME: 110079.PSD/PAGE: 65/CREDIT: © JANIS CHRISTIE/COLLECTION: PHOTODISC – NAME: OS48045BLUE. PSD/PAGE: 56, 66, 73, 75, 83, 88, 94, 111, 120/CREDIT: © SIEDE PREIS/COLLECTION: PHOTODISC – NAME: MSS_517976.PSD/PAGE: 66/CREDIT: © MF-MER – NAME: 327023RKNRGB75.PSD/PAGE: 67/CREDIT: © C SQUARED STUDIOS/COLLECTION: PHOTODISC – NAME: 110075.PSD/PAGE: 69/CREDIT: © NANCY R. COHEN/COLLECTION: PHOTODISC – NAME: 67008.JPG/PAGE: 70/CREDIT: © DUNCAN SMITH/COLLECTION: PHOTODISC – NAME: SS36074.PSD/PAGE: 71/CREDIT: © THOMAS BRUMMETT/COLLECTION: PHOTODISC – NAME: HURT.PSD/PAGE: 73/ © MFMER – NAME: HENSRUD.PSD/PAGE: 69/ © MFMER – NAME: 42161.PSD/PAGE: 70/CREDIT: © JACK HOLLINGSWORTH/COLLECTION: PHOTODISC – NAME: 1040PENCILPATH.PSD/PAGE: 76/ CREDIT: © PHOTOLINK/COLLECTION: PHO-TOLINK – NAME: PAPERSCANYELLOW.JPEG/PAGE: 76/ © MFMER – NAME: 342130B.PSD/PAGE: 77/CREDIT: © DIGITAL VISION/COLLECTION: PHOTOLINK – NAME: OS48057.PSD/PAGE: 79/CREDIT: © SIEDE PREIS/COLLECTION: PHOTOLINK – NAME: THORNG.PSD/PAGE: 80/ © MFMER – NAME: FERNAN-DEZ-2011_20.PSD/PAGE: 83/ © MFMER – NAME: OS38005PATH.PSD/PAGE: 84/CREDIT: © SIEDE PREIS/COLLECTION: PHOTOLINK – NAME: TESTGREEN. PSD/PAGE: 84/CREDIT: © SIEDE PREIS/COLLECTION: PHOTOLINK –NAME: 56528790.PSD/PAGE: 85/CREDIT: © GETTY IMAGES/STOCKBYTE/COLLECTION: STOCKBYTE – NAME: ACKERMAN.PSD/PAGE: 88/ © MFMER – NAME: TIPTON-HUBER.PSD/PAGE: 91/ © MFMER – NAME: OS25045.PSD/PAGE: 92/CREDIT: © C SQUARED STUDIOS/COLLECTION: C SQUARED STUDIOS - NAME: FAN1006999.PSD/PAGE: 93/CREDIT: © MFMER – NAME: RANDALTHOMAS.PSD/ PAGE: 94/CREDIT: © MFMER – NAME: 496069.PSD/PAGE: 95/CREDIT: © DIGITAL VISION/COLLECTION: PHOTODISC – NAME: FAN9003030.PSD/PAGE: 99/ CREDIT: © MONALYN GRACIA/CORBIS – NAME: 116086.PSD/PAGE: 100, 101/CREDIT: ©AMOS MORGAN – NAME: SKD284342SDC_22.PSD/PAGE: 100/CRE-DIT: © GETTY IMAGES/COLLECTION: STOCKBYTE – NAME: 116086-2.PSD/PAGE: 101/CREDIT: © AMOS MORGAN/COLLECTION: PHOTODISC – NAME: SKD284372SDC_22.PSD/PAGE: 103/CREDIT: © GETTY IMAGES/STOCKDISC/COLLECTION: STOCKBYTE – NAME: LUBENOW-QUOTE.PSD/PAGE: 104/CREDIT: © MFMER – NAME: SKD245277SDC_22.PSD/PAGE: 106/CREDIT: © GETTY IMAGES/STOCKDISC/COLLECTION: STOCKBYTE – NAME: 40318. PSD/PAGE: 109/CREDIT: © KEITH BROFSKY/COLLECTION: PHOTODISC – NAME: 35011.PSD/PAGE: 108/CREDIT: © PHOTODISC/COLLECTION: PHOTODISC – NAME: WHITE.PSD/PAGE: 111/CREDIT: © MFMER – NAME: SNITZER.PSD/PAGE: 114/CREDIT: © MFMER – NAME: 40318.PSD/PAGE: 109/CREDIT: © KEITH BROFSKY – NAME: WEE_005R.PSD/PAGE: 116/CREDIT: © EYEWIRE/COLLECTION: EYEWIRE –NAME: FAN2016254PATH.JPG/PAGE: 114/CREDIT: © MFMER – NAME: 71124.PSD/PAGE: 117/CREDIT: © STEVE MASON/COLLECTION: PHOTODISC – NAME: SOOD.PSD/PAGE: 120/CREDIT: © MFMER – NAME: E003134. PSD/PAGE: 122/CREDIT: © EYEWIRE COLLECTION/COLLECTION: PHOTODISC – NAME: OS31051.PSD/PAGE: 125/CREDIT: © C SQUARED STUDIOS/CO-LLECTION: C SQUARED STUDIOS – NAME: 75128.PSD/PAGE: 126/CREDIT: PHOTODISC/COLLECTION: PHOTODISC – NAME: HEARTMONITOR.PSD/PAGE: 128/CREDIT: © MFMER

Índice

Mayo Clinic Health Solutions

Estrategias y herramientas para entrar en acción.
Serie Mi solución

CLÍNICA MAYO

Mi solución para un
CORAZÓN SALUDABLE
Guía para una vida más saludable

CLÍNICA MAYO

Mi solución al
TABAQUISMO
¡Tu coach personal para el manejo del tabaquismo!

CLÍNICA MAYO

Mi solución a la
DIABETES
¡Tu coach personal para el manejo de la diabetes!

CLÍNICA MAYO

Mi solución al
ESTRÉS
¡Tu coach personal para el manejo del estrés!

CLÍNICA MAYO

Mi solución para un mejor
ACONDICIONAMIENTO
¡Tu coach personal para el manejo del acondicionamiento físico!

CLÍNICA MAYO

Mi solución al
PESO
¡Tu coach personal para el manejo del peso!

www.librosdesalud.com.mx • 01800-800-2030

 Cards

Aceptamos todas las tarjetas de crédito